Maud Fontenoy, geboren 1977 in Meaux bei Paris, war kaum eine Woche alt, als sie mit ihren Eltern auf dem Familiensegelboot zu ihrer ersten Atlantiküberquerung aufbrach. Bis sie 15 Jahre alt war, lebte sie auf diesem Boot in der Inselwelt der Antillen. Nach dem Abitur arbeitete sie in einer Immobilienfirma, bevor sie 2003 mit 25 Jahren ihren Lebenstraum in die Tat umsetzte und mit einem Ruderboot den Nordatlantik in West-Ost-Richtung überquerte.
Sie ist Präsidentin der *Fédération Française des bateaux voiles et avirons traditionnels* und hat eine Organisation gegründet, die es Jugendlichen aus sozial schwierigen Verhältnissen ermöglicht, auf einer »Yole de Bantry«, einem kombinierten Ruder-Segelboot für zehn Personen, das Navigieren zu lernen. Ihr neuestes Abenteuer führte Maud Fontenoy Anfang 2005 im Ruderboot über den Pazifik.
Mehr zur Autorin auf ihrer Internetseite: www.maudfontenoy.fr

Für Marc, meinen Schutzengel

Bibliografische Information Der Deutschen Bibliothek

Die Deutsche Bibliothek verzeichnet diese Publikation in der Deutschen Nationalbibliografie; detaillierte bibliografische Daten sind im Internet über http://dnb.ddb.de abrufbar.

NATIONAL GEOGRAPHIC ADVENTURE PRESS
Reisen · Menschen · Abenteuer
Die Taschenbuch-Reihe von
National Geographic und Frederking & Thaler

1. Auflage Juli 2005

Titel der Originalausgabe: Atlantique face nord
erschienen bei Éditions Robert Laffont, Paris

Aus dem Französischen von Karola Bartsch
Text: Maud Fontenoy
Fotos: Jean-Christophe L'Espagnol: Umschlag v. u. und h. o., S. 3 o., S. 5,
Studio Zedda: Umschlag v. o., S. 3 u., S. 4, Jacques Vapillon: S. 7,
Yann Fontenoy: S. 8, Maud Fontenoy: S. 1, S. 2, S. 6
Lektorat: Angela Wagner, München
Umschlaggestaltung: Dorkenwald Grafik-Design, München
Herstellung: Caroline Sieveking, München
Druck und Bindung: Clausen & Bosse, Leck
Printed in Germany

ISBN 3-89405-252-X
www.frederking-thaler.de

Das Papier wurde aus chlorfrei gebleichtem Zellstoff hergestellt.

MAUD FONTENOY

DER ATLANTIK UND ICH

3600 Seemeilen im Ruderboot über den Atlantik

Aus dem Französischen
von Karola Bartsch

NATIONAL GEOGRAPHIC
FREDERKING & THALER

Die Strecke

Start in Saint-Pierre-et-Miquelon (Frankreich) am 13. Juni 2003
Ankunft in La Coruña (Spanien) am 9. Oktober 2003

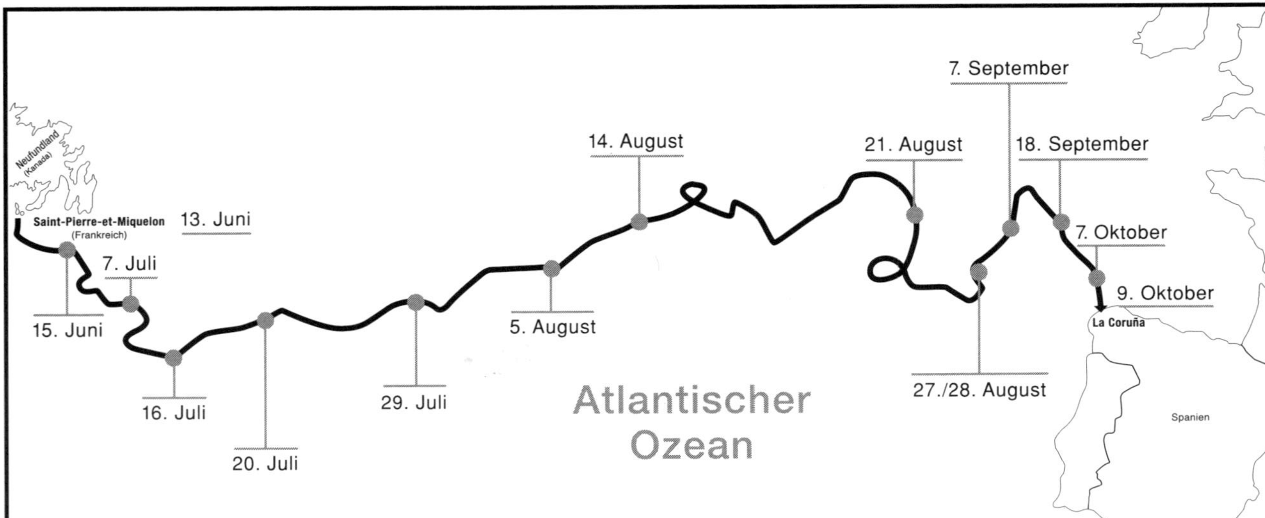

• 15. Juni: erster Sturm und erstes Kentern • 7. Juli: Eisberge und Nebel • 16. Juli: Begegnung mit Walen – Ankunft im Golfstrom
• 20. Juli: Tropensturm Danny • 5 bis 6 Meter hohe Wellen – Windstärke 40 Knoten • 29. Juli: Beinahe-Kollision mit einem Containerschiff
• 5. August: Ankunft auf halber Strecke • 14. August: Begegnung mit Tümmlern und Delfinen • 21. August: erster Wasserentsalzer defekt
• 27./28. August: heftiger Sturm – 10 Meter hohe Wellen und Windstärke 50 Knoten – 17 Kenterungen in einer Nacht
• 7. September: Mauds Geburtstag – 2 Kenterungen • 18. September: Ersatzgerät zur Wasseraufbereitung defekt [Maud trinkt Meerwasser]
• 7. Oktober: Beinahe-Kollision mit einem Fischkutter

Das Boot

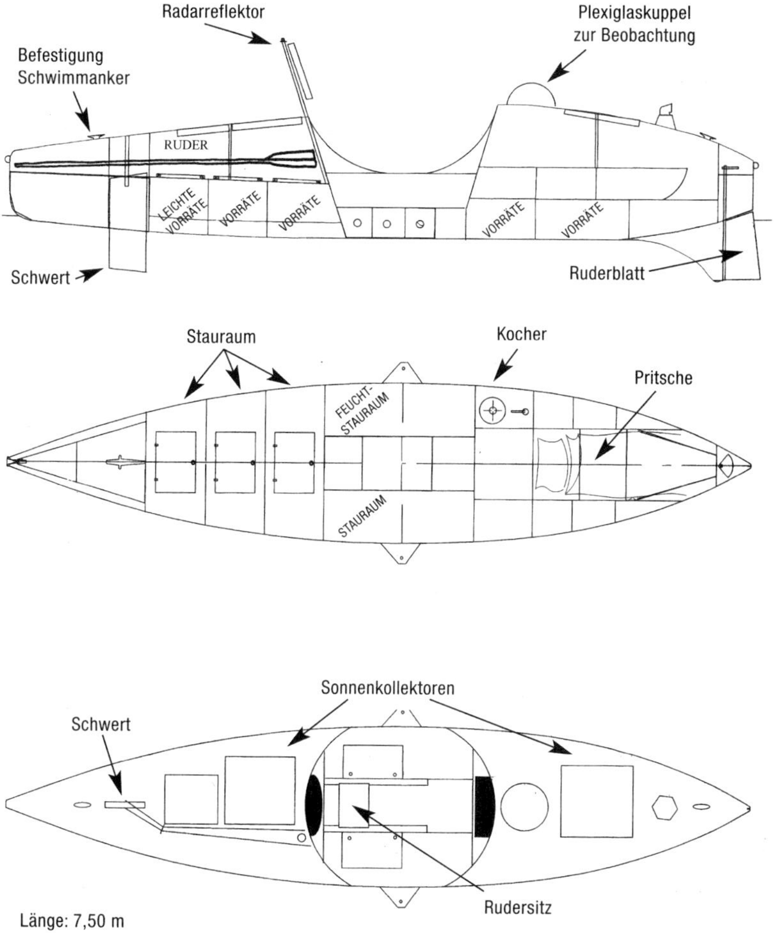

Länge: 7,50 m
Breite: 1,60 m
Leergewicht: 350 kg
Ladegewicht: 600 kg
in Leistenbauweise aus roter Zeder
Selbstaufrichter mit Ballast
Architekt: Marc Ginisty

Dem Traum folgen und nochmals
dem Traum folgen und so ewig –
usque ad finem …

JOSEPH CONRAD

Vorwort

»Ich will allein über den Atlantik rudern!«

Ein solches Ansinnen beeindruckt zu Recht. Sogleich hat man ein kleines Ruderboot in gefahrvoller Umgebung vor Augen, eine groteske Antriebsart angesichts des riesigen Ozeans. Und vor allem denkt man an die Tatsache, dass es beim Erfolg einzig auf einen selbst ankommt, auf einen unerschütterlichen Willen, allen Widrigkeiten zu trotzen, auf eine beinahe unmenschliche Ausdauer, die an den berühmten Ausspruch Henry Guillaumets erinnert, des 1930 in den Anden notgelandeten Fliegers: »Was ich gemacht habe, hätte kein Tier auf der Welt je gemacht.«

Dabei war das Wesentliche noch nicht gesagt, als Maud Fontenoy mich von ihrem Vorhaben unterrichtete. Nebensächlich in den Augen Nichteingeweihter, aber alles entscheidend ist nämlich, in welcher Richtung man den Atlantik überquert. Das geschieht entweder über die Südroute, indem man beispielsweise von den Kanarischen Inseln aus zu den Antillen aufbricht, oder über die Nordroute von Nordamerika aus in Richtung europäische Küste.

Der Amerikanerin Tori Murden, die im Sommer 1999 von den Vereinigten Staaten aus die Nordüberquerung in Angriff genommen hatte und nach mehrfachem dramatischen Kentern gezwungen war aufzugeben, gelang in der Folge eine Südüberquerung von den Kanarischen Inseln aus. Bei ihrer Ankunft in Guadeloupe sagte sie: «Die höchste Welle, die mir auf dieser Strecke begegnet ist, kam an die niedrigste auf der Nordroute nicht heran.» Bei aller Übertreibung bringt diese Feststellung die Lage doch auf den Punkt.

Auf der westwärts führenden Südroute kann man mit einem angenehmen, vom Passat bestimmten Klima rechnen. Dieser Wind erreicht so gut wie nie Sturmstärke, und da er regelmäßig entlang der Ideallinie weht, gewährleistet er auch ein gleichmäßiges Vorankommen.

Auf der von Amerika nach Europa führenden Nordroute dagegen herrschen gänzlich andere klimatische Gegebenheiten. Hier haben atlantische Tiefdruckgebiete den Ozean in der Gewalt und bringen Stürme hervor mit von Süden nach Westen und Nordwesten drehenden Winden, die das Meer stark aufwühlen und für ein kleines Boot sehr gefährlich sind. Einige dieser Tiefs, die als tropische Orkane ihren Anfang nehmen, fegen bis über den Atlantik und sorgen dort für infernalische Verhältnisse. Bei schönem Wetter bläst der Wind oft aus östlicher oder nordöstlicher Richtung und macht jedes Vorankommen unmöglich. Erst sechs Ruderer, allesamt Männer, hatten diese Überquerung bis dahin geschafft.

»Und in welcher Richtung, Maud?«

»Über die Nordroute natürlich! Ich will die Erste sein auf dieser legendären Route.«

Ausführlich erläuterte ich ihr die Risiken eines solchen Unterfangens. Es hat auf dieser Strecke zahlreiche glücklose Versuche gegeben, die mit Abbruch, Schiffbruch und in sechs Fällen tödlich endeten.

Maud wusste das, sie kannte das Meer und seine Gefahren und hielt trotz meiner wenig ermutigenden Einwände an ihrem Vorhaben fest. Ich brachte weitere Bedenken vor:

»Im kommenden Sommer willst du starten. Du hast nur wenige Monate, um eine Werft zu finden, die das Boot baut. Du musst die Ausrüstung zusammenstellen und das Ganze auf die andere Seite des Atlantiks befördern. Das alles wird viel Geld kosten. Hast du Sponsoren?«

»Nein, ich bin noch auf der Suche, aber das ist zweitrangig. Ich arbeite, einen Teil leihe ich mir, und wenn es sein muss, finanziere ich die Expedition selbst.«

Ihre Beharrlichkeit beeindruckte mich; sie würde aufbrechen, und sie konnte es auch schaffen. Ich beschloss, sie zu unterstützen.

Hätte ich ihr die Sache madig machen wollen, wäre ich von der Wirklichkeit vermutlich immer noch weit entfernt gewesen. Während den Franzosen der Sommer des Jahres 2003 als einzige Hitzewelle in Erinnerung ist, wirkte sich dieses außergewöhnliche Klima auf dem Atlantik in Form anhaltender Ostwindphasen aus. Man stelle sich Mauds Verzweiflung vor, die Sisyphus gleich innerhalb von 24 Stunden so weit zurückgeworfen wurde, wie sie sich zuvor in einem einwöchigen Horrortrip vorangekämpft hatte. Man stelle sich ihre unterschwellige Angst vor angesichts einer Überquerung, die länger dauerte, als sie in ihren ungünstigsten Annahmen vorhergesehen hatte, mit immer häufigeren Windböen, immer kürzeren Tagen, mangelnder Verpflegung und einem immer ungewisseren Ausgang …

Denn es blieb ihr nichts erspart, und wenn die Unwägbarkeiten des Wetters zu den selbstverständlichen Risiken einer solchen Seereise gehören, so hätten der Verlust des Gleitsitzes, den eine Flutwelle fortriss, und vor allem der Ausfall gleich zweier Wasserentsalzer jeden anderen dazu bewogen aufzugeben.

Der Leser dieses Buches begibt sich mit Maud auf eine Höllenfahrt. Er lernt die klebrige, eiskalte Nässe der Großen Neufundlandbänke kennen, die ständige Angst vor Kollisionen, den Horror der Sturmnächte, in denen Maud mit Prellungen am ganzen Körper eingezwängt in ihrer winzigen Kajüte wie in der Falle hockt, die Nerven blank, und wie sie dem allerletzten Kentern entgegensieht, der Flutwelle, die ihr Boot in Stücke reißt ... Er wird sie bei ihren zeitweiligen Fluchtversuchen begleiten, in den seltenen Glücksmomenten, in denen sie mit einer friedlichen Natur im Einklang ist, bei ihrer Hoffnung auf ein anderes Leben, auf eine imaginäre Zukunft, die hilft, eine unerträgliche Gegenwart zu überdauern.

Und warum, so werden die Skeptiker fragen, setzt man sich einer solchen Situation überhaupt aus? Welcher Nutzen steckt dahinter? Gar keiner, habe ich irgendwann auf diese Frage geantwortet und hinzugefügt: »Das ist wie Mozart, es hat keinen *Nutzen*.« Wenn man alles »Unnütze« im Leben streicht, was bleibt dann übrig? Dann geht unweigerlich jeglicher künstlerische Ausdruck verloren, dann tragen wir nur noch Grau, weil es nicht so leicht schmutzig wird, und trinken nur noch Wasser, weil es den Durst hinreichend löscht, unsere Beziehungen beschränken sich auf das Wesentliche und das Praktische ... Man stelle sich das ruhig einmal vor. Der geniale Ingenieur Gustave Eiffel hat unzählige, äußerst nützliche Brücken und Kunstwerke geschaffen. Und was bleibt der Menschheit von ihm im Gedächtnis außer dem Eiffelturm, diesem Inbegriff an Nutzlosigkeit, der so gut verkörpert, was es heißt zu träumen?

Von allen Lebewesen der Schöpfung ist der Mensch das einzige, dessen Handeln nicht nur von den Trieben, vom Überlebens- oder Fortpflanzungstrieb bestimmt ist. Ich glaube, dass uns diese Fähigkeit geschenkt wurde, weil wir im Gegensatz zu den Tieren eben über diese Dimension des Traums verfügen, die Fähigkeit, in Gedanken anderswo zu sein, so wie Maud im Geiste bis zur Besessenheit immer wieder ihre Ankunft vor sich sah.

Maud sei dafür gedankt, dass sie uns hat träumen lassen und ein klein wenig Unmögliches möglich gemacht hat, denn es ist eben diese Eroberung des Nutzlosen, das Bedürfnis, unsere Grenzen auszuloten, die Faszination des Über-sich-Hinauswachsens: In ihr liegt nicht nur der Schlüssel für unseren Fortschritt, sie ist auch unsere Daseinsberechtigung und gibt zum Hoffen Anlass.

GÉRARD D'ABOVILLE

Erster Teil

Die weiße Hölle der Großen Neufundlandbänke

I

Erster Sturm – Erinnerungen an Saint-Pierre – Die ersten Tage auf See

»Kopf hoch und durchhalten, koste es, was es wolle. Ich muss es einfach schaffen.«

Zusammengekauert hocke ich in der hintersten Ecke der winzigen Kammer. Mein Kopf wird gegen die Wände geschleudert. Pilot, mein Boot, ist einem wütenden Ozean ausgeliefert. Die Fluten wälzen es heftig umher und begraben es immer wieder unter vier bis fünf Meter hohen Wellen. Es verzieht das Gesicht und hält den Atem an.

Mein Magen steht Kopf, ich bin sterbenskrank, durchnässt bis auf die Knochen und völlig durchgefroren. Ein vor Schmerz und Panik schluchzendes Häuflein Elend, so komme ich mir vor. Der Schmerz nimmt mir den Atem. Mit rauer Stimme flehe ich inständig:

»Bring' mich hier raus, ich flehe dich an, ich kann nicht mehr. Du wirst doch nicht schlappmachen, Pilot? Du hältst doch durch, oder?«

Es herrscht ein ohrenbetäubender Lärm. Der Bootsrumpf hallt von den anschlagenden Wellen wider, das Meer teilt immer kräftiger aus. Jedes Mal, wenn Pilot wieder auf dem Wasser landet, wird mein ganzer Körper durchgeschüttelt. Eine verteufelte Migräne pocht mir im Schädel, ich kriege nicht genug Sauerstoff und bin halb erstickt. Eine Kerze erlischt in einer derart abgestandenen Luft binnen zehn Minuten. Meine Kabine, die kaum einen Kubikmeter misst, hat sich innerhalb von wenigen Stunden in einen feucht-stickigen Käfig verwandelt. Starr vor Kälte und zitternd vor Angst, sitze ich mit angewinkelten Armen und Beinen da. Ich versuche mich zu beruhigen und vor den nächsten Stößen zu wappnen, mich so abzustützen, dass ich nicht gegen den Rumpf geschleudert werde. Den Kopf drücke ich in mein Federbett und rolle mich zusammen, damit es nicht so weh tut. Ich will, dass es ein Ende hat.

Ruckartig stürzt Pilot vom Wellenkamm ins Wellental. Mir ist, als würde ich sein Schluchzen hören. So war das nicht vorgesehen, nicht schon gleich am Anfang! Unter diesen Bedingungen halte ich niemals drei Monate durch. Pilot windet sich, wie es nur geht, überall knarzt es, das Meer schlägt immer wieder an die dünne Wand. Wir sind nur noch ein klitzekleines Spielzeug in den Fängen des Ozeans, das hin und hergeschleudert und schonungslos durch die Wassermassen geworfen wird. Wann der nächste Angriff kommt, ist völlig unvorhersehbar. Das geht jetzt schon seit fünf Stunden so, und ich kriege immer noch keine Luft. Mit einer Hand halte ich das Bullauge fest, damit wenigstens etwas Sauerstoff hereinkommt, mit der anderen den Eimer, in den ich mich übergebe. Der Ozean gönnt uns nicht eine Minute Pause; backbord naht schon wieder eine riesige Flutwelle. Eine Sekunde später herrscht der blanke Horror. Mit einem Schlag liegt Pilot auf der Seite, alles kippt, ich kann mich nicht mehr festhalten. Mein Kopf schlägt an die Kuppel aus Plexiglas, ich werde halb ohnmächtig. Eisiges Wasser strömt herein, überall rinnt es herunter, meine Segeljacke schwimmt in einer Brühe aus Meerwasser und Erbrochenem. Pilots Standhaftigkeit scheint nachzulassen. Es ist mein erstes Kentern.

Jetzt heißt es schnell sein. Ich habe nur einen einzigen Gedanken: überleben. Sofort drücke ich das Bullauge zu, ich will nicht untergehen. Pilot dreht sich um die eigene Achse. Ich kann nichts tun, ich stürze. Es kommt mir vor wie das Ende der Welt, ein Alptraum. Es ist stockdunkel, ich schließe die Augen und klammere mich an einen großen Griff, der eigens für diesen Zweck entlang meiner Pritsche angebracht ist. Für ein paar Sekunden steht alles auf dem Kopf, ich sehe nichts. Ich weiß, dass mein Herd über mir ist; es muss noch etwas Wasser im Kessel gewesen sein, es läuft mir die Haare herunter, endlos lange. Dann richtet uns eine neuerliche Welle wieder auf. Halb benommen lande ich auf meiner Pritsche. Ein heftiger Schmerz fährt mir ins Handgelenk, ich beiße die Zähne zusammen. Wenn es nur nicht verstaucht ist …

»Ich kann nicht mehr, ich will hier nicht sterben, nicht so …«

Ich fange wieder an zu heulen und kann nicht mehr aufhören. Alles tut weh. Die Kajüte stinkt nach der widerlichen Lauge, in der meine Kleider liegen. Dumpf, zitternd und durchgefroren hocke ich da, mit leerem Kopf, die rechte Gesichtshälfte geschwollen von dem Aufprall. Ich bin nur noch ein besudeltes Tier, das man zum Kampf gezwungen und danach wieder in seinen Käfig geworfen hat. Völlig entkräftet wiege ich mich vor und zurück, um mich zu beruhigen. Ich möchte mich ganz dicht an jemanden anschmiegen. Ich würde so gern schlafen, endlich schlafen, alles vergessen und woanders wieder aufwachen. Ich tue so, als wäre ich nicht allein, ich stelle mir vor, jemand wäre bei mir und würde mir helfen, meine Angst und meine Not in den Griff zu kriegen, mitten in dieser düsteren Nacht, der wir entgegensteuern, Pilot und ich. Unwillkürlich streiche ich mir zur Beruhigung über die Haare, und es kommt mir vor wie die Berührung eines anderen Menschen.

Stundenlang sitze ich verzweifelt da und versuche, meine Angst zu überwinden. Ich tue, was ich kann, um wieder Mut zu fassen, zu lächeln. Ich muss durchhalten. Immer wieder sage ich mir, dass alles in Ordnung und es nicht so schlimm ist, dass ich immer noch ich bin und nur mein Körper beschmutzt und geschunden ist und es meiner Seele gut geht. Eines Tages, so hoffe ich, werden diese qualvollen Momente vergessen sein.

Dies war allerdings nur der erste Sturm, auf den noch etliche folgen sollten, und schon jetzt war es weitaus schlimmer, als ich es mir je vorgestellt hatte.

Der Windstoß war urplötzlich gekommen, fast schon aus dem Hinterhalt. Der Treibanker, den ich hinten angebracht hatte, hielt nicht lange durch. Die zehn Millimeter starke Leine, die immerhin das Dreifache des Bootsgewichts heben konnte, war nach nur einer Stunde einfach abgerissen, und der Anker war im Meer versunken. Zu allem Überfluss war es der größere von beiden gewesen. Er sollte verhindern, dass ich bei Gegenwind zu viel Schub nach hinten bekäme. Und ich wusste noch nicht, wie sehr ich ihn in der Folge vermissen würde ...

Ich machte mir Vorwürfe. Hätte ich geahnt, wie stark der Wind zunehmen würde, hätte ich natürlich nicht riskiert, den großen Anker anzubringen, sondern mich für den kleineren entschieden. Dann wäre die Spannung geringer gewesen. Zwar hatte man mir vor dem Aufbruch Windböen angekündigt, aber sie sollten nicht über 20 bis 25 Knoten hinausgehen, was einen gerade mal etwas durchschüttelt. Eine solche Situation hätte ich unter Kontrolle bekommen und daher hatte ich beschlossen, trotzdem aufzubrechen. Aber jetzt, inmitten der Wellen, sah die Sache ganz anders aus. Nur zwei Tage nach meinem Start herrschte hoher Seegang, das Meer war in Rage geraten und schien mehr und mehr zu grollen. Und ich, noch gänzlich fremd in meinem neuen Lebensraum, sah ihm bei seinem Wutausbruch machtlos zu und ließ die anarchisch tobenden Wellen und komplett unvorhersehbaren Bewegungen über mich ergehen.

48 Stunden hatte ich kein Auge zugetan, mein Bauch war leer, meine zugeschnürte Kehle brannte, und außerdem wurde ich von einem Schnupfen geplagt. Es war Mitte Juni, doch ringsum türmten sich die Eisberge, das reinste Steilmassiv verglichen mit meinem

kleinen Boot. Ich befand mich über den berühmten Großen Neufundlandbänken, jenen gefährlichen Untiefen mit kurzer, abgehackter und völlig chaotischer See! Wenige Seemeilen vor Kanada machen diese Sandbänke, die knapp 40 Meter unter meinen Füßen liegen, das Meer wild und launenhaft. Der Nebel war immer dichter geworden, hatte uns umhüllt, und mit einem Schlag lag die Sicht bei unter drei Metern.

»Keine Angst, Pilot, es wird schon werden«, hatte ich leise gemurmelt, und dann hatte der Sturm eingesetzt.

Jetzt, da ich wirklich allein bin, von allem abgeschnitten auf meinem kleinen Boot, denke ich bewegt zurück an meine letzten Tage an Land. Auf der Zielgeraden in Saint-Pierre-et-Miquelon hatte es noch etliche Begegnungen, viel Zuspruch und großzügige Gesten gegeben.

Am Tag meiner Ankunft auf der Insel hatten zwei Dutzend Männer Pilot so behutsam aus seinem Container gehoben, wie ich einer Schatulle kostbaren Schmuck entnehmen würde. Ich sah ihnen bei der Arbeit zu: Fassungslos starrten sie auf das kleine Boot. Ich erzählte ihnen, was ich vorhatte, doch für sie war es unbegreiflich: Wie konnte man sich mit einem so fragilen Nachen nur freiwillig auf den Ozean begeben?

»Nein, mach' keine Witze, die doch nicht!«

»Doch, doch, die da drüben bei Jean-Louis Bernardelli steht und gerade seine Fragen beantwortet. Das ist sie, die Ruderin.«

Ein großer, kräftiger Mann zeigte mit dem Finger auf mich:

»Die kleine Blonde? Nein! Das ist ja völliger Wahnsinn!«

Diese Männer, allesamt kälteerprobte Fischer, kannten das Meer sehr gut. Es hatte sie leiden lassen, ihre Körper gegerbt, ihren Willen gestählt, es hatte Großväter, Väter und manches Mal auch Söhne mit sich fortgerissen. Sie wussten, dass es unerbittlich war und grausam, launisch und unberechenbar und vor allem nichts für Frauen! Sie wussten, wie gefährlich es war, in diesem ewigen Nebel unterwegs zu sein. Es gingen Geschichten um von ihren Vorfahren, Kabeljaufischern, die in diesen Gewässern unterwegs waren. Ganze Schoner verschwanden für immer im Nebel, die Besatzungen verirrten sich und kehrten nicht mehr zurück.

Schüchtern stand ich unter ihnen, und mir war nicht wohl angesichts ihrer erstaunten Blicke. Ich hatte beschlossen, in Saint-Pierre aufzubrechen, nachdem ich bei der Bootsausstellung in Paris Leute von dort getroffen hatte. Ihre Herzlichkeit und Begeisterungsfähigkeit, die angebotene Hilfe und die Tatsache, dass die Insel zu Frankreich gehörte, waren der Grund für meine Entscheidung gewesen. Als ich jetzt vor ihnen stand, gab ich mich immer noch entschlossen und selbstsicher, kriegte es aber doch mit der Angst zu tun. In meinem tiefsten Innern nagten der Zweifel, die Furcht, es nicht zu schaffen, die Angst, die Gefahr nicht richtig eingeschätzt und mich nicht ausreichend vorbereitet zu haben.

Dabei hatte ich das Projekt gut geplant, es Schritt für Schritt durchdacht, und ich war sämtliche Phasen akribisch durchgegangen. Aufmerksam hatte ich alle Ratschläge angehört, sämtliche möglichen Probleme durchgespielt, um alle Lösungen parat zu haben, bevor ich mich auf den Weg machte. Ich hatte Listen geschrieben mit Dingen, die ich nicht vergessen durfte und checken musste, und hatte sie mir wieder und wieder vorgenommen. Ich durfte nichts dem Zufall überlassen.

Auch körperlich hatte ich mich stundenlang vorbereitet. Neben Liegestützen und Bauchmuskelübungen hatte ich mir ein tägliches Lauftraining auferlegt, gerade weil ich Laufen hasse, denn ich wusste genau, dass ich mich oft zum Rudern würde zwingen müssen. Mental war ich ebenfalls bereit, ich dachte von morgens bis abends an nichts anderes mehr. In den langen Monaten vor der Abreise hatte ich mir immer wieder brenzlige Situationen vorgestellt und mich dann zu überzeugen versucht, dass alles nur eine Frage des Willens sei und ich nicht aufgeben würde. Ich hatte mich geprüft, ob es auch wirklich mein größter Wunsch war. Und jetzt zitterte ich schon, bevor ich Saint-Pierre überhaupt verlassen hatte. Bloß nicht den Start vermasseln!

»Das Wetter kannst du dir nur am Tag deiner Abreise aussuchen.« Das hatte Gérard d'Aboville immer wieder zu mir gesagt.

In diesem Jahr waren die Temperaturen durchweg ziemlich niedrig gewesen, so dass die Eisberge mitten im Sommer immer noch nicht geschmolzen waren. Riesig ragten sie überall auf den Sandbänken empor, unsichtbar im Nebel und gefährlich. Ich würde sie also, wie die Frachtschiffe, die hier unterwegs waren, südlich umfahren müssen, was meine Passage beträchtlich in die Länge zog. Mit den Windverhältnissen hatte ich mich inzwischen abgefunden, auf mehr als zwei Tage günstigen Wind konnte ich nicht hoffen. Jeden Morgen ging ich in die Wetterstation von Météo-France, meist auf Zehenspitzen, weil ich immer fürchtete, es käme eine Sturmwarnung. Ich merkte, dass den Mitarbeitern dort nicht wohl war, sie senkten die Augen und trauten sich nicht, mir zu sagen, dass sie nicht wirklich an meine Sache glaubten. Ich spürte deutlich, dass sie auch Angst davor hatten, man könne sie mitverantwortlich machen, wenn sie mich ziehen ließen. Nichtsdestoweniger halfen mir alle mit Feuereifer bei den Vorbereitungen. Je näher die Abreise rückte, desto mehr wurde ich umhegt, als würde ich für immer von der Bildfläche verschwinden. Es war merkwürdig, beängstigend, ich fühlte mich wie eine Verurteilte. Die neu gewonnenen Freunde hatten wohl insgeheim gehofft, ich würde es sein lassen. Meine Hartnäckigkeit schien sie zu betrüben.

»Schade, sie ist so nett«, sagte eine ältere Dame leise zu ihrer Nachbarin, wenige Meter von mir entfernt.

Auf den Anlegestegen ziehen die Neugierigen vorbei; ein Foto, ein Küsschen, ein paar aufmunternde Worte.

»Jetzt geht's also los?«

Ja, es geht los, nun zähle ich schon die Stunden. Der angekündigte Wind kommt mehr als ungelegen, aber irgendwann muss ich schließlich die Leinen losmachen. Wahrscheinlich würde es nichts bringen, den Start erneut zu verschieben, denn das Wetter ist seit über drei Wochen schlecht. Keine idealen Bedingungen, aber auf absehbare Zeit vielleicht die besten, die ich kriege.

Seit meiner Ankunft auf der Insel vor ein paar Wochen ist die Zeit schnell vergangen, und das Warten ist unerträglich geworden. Je später ich mich auf den Weg mache, desto später komme ich drüben an. Auch auf dem amerikanischen Kontinent steigt das jahreszeitlich bedingte Risiko. Aufbrechen oder abwarten? Heute morgen dann der Sprung ins kalte Wasser. Ich holte tief Luft und verkündete, ich würde morgen aufbrechen. Noch dazu an einem Freitag, den 13.! Hier und da wurde getuschelt, aber ich überhörte die Unkenrufe. Ich tat so, als würde ich das Erstaunen der Fischer von Saint-Pierre nicht begreifen, und konzentrierte mich auf die Dinge, die noch zu tun waren. Irgendetwas von der Ausrüstung zu vergessen, kam schon gleich gar nicht in Frage, nicht bei diesem Vorhaben.

»Zahnbürste oder Shampoo können wir dir nicht vorbeibringen«, hatte meine Mutter Chantal gewitzelt.

Jetzt musste wirklich alles fertig sein. Ich bekam es ernsthaft mit der Angst zu tun. Mein Vater Marc und der Bootsarchitekt Marc Ginisty waren vor einer Woche nach Paris zurückgeflogen. Es war ein merkwürdiges Gefühl, niemanden mehr bei sich zu haben, ich spürte eine echte Last auf meinen Schultern, allein verantwortlich für alles. Aber so hatte ich es ja gewollt. Ich war bereit.

»Tu's nicht! Sag einfach, es war ein Aprilscherz!«, hatte Marc am Flughafen zu mir gesagt, bevor er mich fest umarmte.

Von wegen! Ich war bereit. Trotz meiner Ängste brannte ich darauf, endlich loszurudern.

An diesem letzten Vormittag an Land, als ich in meiner Kajüte gerade zwei Netze für das Obst befestige, kommt ein Fischer und bringt mir ein Medaillon. Es ist nicht irgendeines, sondern das Medaillon, das ihn und sein Schiff sein Leben lang auf den Großen Bänken beschützt hat. Tief bewegt drückt er es mir in die Hand, ein kurzes Lächeln geht über sein Gesicht, und ohne weitere Worte macht er auf dem Absatz kehrt. Diese wunderbar schlichte, großzügige Geste verschlägt mir die Sprache. Ich sehe, wie er sich am Ende des Stegs noch einmal umdreht und mir zuwinkt. Mein Gott, ist mir schwer ums Herz. Ich senke den Blick. Doch ich will jetzt nicht wehmütig werden. Das ist nicht der richtige Zeitpunkt. Ich muss unbedingt einen klaren Kopf bewahren und darf vor allem nichts vergessen.

Ich hole das Leuchtsignal aus der Schachtel, werfe einen Blick auf die Anleitung und schalte es ein: Es blinkt, alles scheint gut zu funktionieren. Ich verstaue die letzten Vorräte. Eine Staude Bananen hänge ich vorn hin, damit sie langsam reifen können. Georges, bei dem ich seit meiner Ankunft in Saint-Pierre wohne, sieht mir wortlos zu. Er lehnt am Brückengeländer, das zum Steg führt. Ich finde, er sieht erschöpft aus. Was für ein Glück, dass er da war, er hat mir immer geholfen. Leicht wird es nicht, meine Rotarier-Freunde zu verlassen. Alles ist bereit, es wird schon dunkel. Ein letztes Mal lasse ich meinen Wegbegleiter allein.

»Nur noch eine Nacht, Pilot. Ab morgen sind wir unzertrennlich.«

Es ist das erste Mal, dass ich mit meinem Boot rede.

Das letzte Abendessen, die letzte Nacht bei Olga in einem warmen, trockenen Bett. Ich werde weiß Gott oft daran zurückdenken. Ich versuche, meine Anspannung zu verbergen. Jean-Christophe, ein befreundeter Fotograf, verbringt den Abend mit mir. Ich gehe von Zimmer zu Zimmer, suche meine Sachen zusammen und kaue gedankenlos an einem Stück Käse. Ich schreibe eine letzte Mail an meine Familie, ich kann nicht mehr still sitzen, tausend Dinge gehen mir durch den Kopf. Ich habe Bauchschmerzen und frage mich, ob das Wetter auch wirklich günstig ist, ob die Entscheidung richtig war … Gerade hat man mich telefonisch benachrichtigt, dass sich das Wetter seit dem Morgen verschlechtert hat. Ich schlafe nur kurz. Zusammengerollt und verkrampft liege ich unter meinen Decken und sehe in Endlosschleife Bilder von einem tobenden Ozean ablaufen. Mir fallen die Geschichten ein, die die Polizisten von der Wasserwacht in Saint-Pierre erzählt haben, Geschichten von Schiffbrüchigen und von Trawlern, die als Folge der eisigen Kälte in die Tiefe gerissen werden. Innerhalb weniger Stunden frieren sie ein, das Eis bildet sich tonnenweise auf Deck, Reling und Bug des festsitzenden Schiffes. Manchmal kommt jede Hilfe zu spät. Vor den Augen der Rettungsmannschaft versinkt das schwere Schiff plötzlich im Meer.

Ich versuche mich damit zu beruhigen, dass ihre Geschichten bestimmt nicht im Juni passiert sind. Ich krame nach fröhlicheren Erinnerungen und schlafe immer noch nicht. Mein Überlebensanzug fällt mir ein. Die Gendarmen, mit denen ich mich angefreundet habe, haben mir verboten, ohne aufzubrechen, für den Fall, dass ich in dem zwei Grad kalten Wasser auf ihre Hilfe warten muss. Nur zögernd habe ich eingewilligt. Diese Überlebensanzüge sind riesengroß, und ich habe sehr wenig Platz. Ich bin mir nicht sicher, ob ich im Falle eines Falles genügend Zeit hätte, ihn anzuziehen. Außerdem wäre ich längst erfroren, bis ein Rettungsschiff bei mir wäre, ob mit oder ohne Anzug. Doch mir war klar, dass es sie beruhigen würde, und so erklärte ich mich einverstanden, woraufhin sie sofort einen Anzug bei ihren kanadischen Kollegen bestellten. Als er kam, ließen sie ihn mich auf ihrem Schiff anprobieren, und es war amüsant zu sehen, wie unbeholfen sie waren; sie sind es nicht gewöhnt, eine Frau anzukleiden, und wagten kaum, mich zu berühren. Derjenige, der mir die Kapuze überzog, hatte Angst, meine Haare zurückzustreifen, damit sie sich nicht im Reißverschluss verfingen, es war lustig und rührend. Der Anzug liegt sorgfältig zusammengefaltet in meiner Kabine, griffbereit. Ich werde an die Männer denken, wenn mein Blick auf ihn fällt, und hoffe, dass ich ihn nicht brauchen werde ...

Nach einer beinahe schlaflosen Nacht stand ich auf. Das Frühstück, bei dem kaum ein Wort fiel, war schnell beendet. Ich brachte keinen Bissen hinunter. Schnell machte ich mich mit Jean-Louis auf den Weg zum Hafen.

An diesem Freitag, den 13., also stehen die Menschen dicht gedrängt auf den Anlegestegen des Segelclubs von Saint-Pierre. Es ist 8 Uhr Ortszeit, kalt, und alle sind in dicke Daunenjacken eingemummelt. Der Wind bläst mit 25 Knoten in die richtige Richtung, das wird mir den Start erleichtern. Marie, ein etwa zehnjähriges Mädchen, deren Klasse ich tags zuvor besucht habe, überreicht mir eine Rose. Wie fremdgesteuert befestige ich sie am kleinen Fahnenmast neben der Flagge von Saint-Pierre-et-Miquelon und der französischen Nationalflagge, die Gérard d'Aboville von seiner Pazifiküberquerung aufbewahrt und mir geschenkt hat.

Immer wieder blicke ich aufs Meer, der Wind ist noch stärker geworden. Ich lege mein Gurtzeug an und hake mich an Pilot fest. Jetzt sind wir miteinander verbunden, in guten wie in schlechten Zeiten. Ich hole meine Ruder hervor, sie kommen mir tonnenschwer vor. Jean-Louis Hardy, ein Freund vom Rotary Club, macht langsam die Leinen los: Es ist so weit, endlich, ich breche auf! Alle klatschen, die

Autos hupen, ich höre Nebelhörner, die gemeinsam mit den Schiffssirenen ertönen. Ich lächle, damit sie nichts von meiner Angst bemerken, aber in meinem Kopf geht es völlig durcheinander. Ständig denke ich daran, was für ein Wetter mich erwartet und ob ich richtig entschieden habe. Ich muss heftig schlucken.

Zahlreiche Schiffe begleiten mich bis zur letzten Boje, dann übernimmt das Gendarmerieschiff *Fulmar* und folgt mir aufs Meer hinaus. An Bord dieses großen Militärschiffs sind neben den befreundeten Gendarmen auch Christian Bex von France Info, der seit einer Woche bei mir ist, Philip Plisson, Jean-Christophe, der seinen Fotoapparat nicht mehr aus der Hand legt, der Herr Präfekt ... Pilot wird in den Wellen hin und hergeworfen, ich konzentriere mich und rudere. Schon nach kurzer Zeit wäre es mir lieber, sie ließen mich ziehen. Tränenreiche Abschiede liegen mir nicht. Heftig winke ich ihnen zu. Nein, ich werde nicht vor ihnen weinen, das muss ich ihnen nicht auch noch antun. Sie scheinen zu begreifen und kehren um. Allmählich verschwindet die *Fulmar* in der Ferne. Ich rudere südostwärts, meinem Traum entgegen. Nun bin ich wirklich allein.

An diesen Freitag, den 13., meinen ersten Tag auf See, werde ich mich noch lange erinnern. Plötzliche Einsamkeit, Hände, die vom pausenlosen stundenlangen Rudern schon bald blutig sind, eine nicht verschwinden wollende Küste, an die ich jeden Moment zurückgeworfen werden könnte, weshalb ich Gefahr laufe, an ihr zu zerschellen. Mit jeder Sekunde wird die Situation kritischer. Ich bin müde, muss aber konzentriert bleiben. Schlafverbot, solange ich nicht weit genug von Neufundland entfernt bin. Und den ganzen Tag rinnen Tränen über meine schon jetzt salzverkrusteten Wangen.

2

Sponsoren und high heels – Die Fischer von St. John – Direktschaltung zum Ozean

Es ist sieben Uhr. Seit einer Stunde schon sitze ich auf meinem winzigen Rudersitz, mit einem dicken, schwarzen Schaumstoffkissen unter dem Po. Es ist mein vierter Tag, das Sturmtief hat sich endlich verlagert, ich kann wieder rudern. Unter mir ist Stauraum, so viel, wie meine Beine lang sind. Alles wurde auf Maß gearbeitet, damit das Rudern möglichst automatisch abläuft. Manchmal schließe ich die Augen, meine Gedanken schweifen ab, ich vergesse, was ich gerade tue. Die Handgriffe wiederholen sich heute, aber ich habe meinen Rhythmus noch nicht gefunden. Die letzten 36 Stunden waren härter als geplant, und heute morgen ist es schon eine Qual, die Ruder nur zu halten. Meine Hände sind voller Blasen, in die langsam das Salz dringt, die Wunden werden immer tiefer. Bei jedem Schlag denke ich an die beschwörenden Ratschläge, die ich vor dem Start erhielt:

»Achte darauf, dass du den Holm nicht zu fest hältst, Maud. Du musst Luft lassen. Stütz dich ab und drücke ihn nur nach außen.«

Ich versuche, meine Hände locker zu lassen und möglichst wenig Reibung zu erzeugen. Ich beiße die Zähne zusammen, der Tag wird schon irgendwie vorübergehen.

Dabei weiß ich, was es heißt, vom Rudern Blasen an den Händen zu haben. Mal abgesehen von allen Beibooten und Schaluppen, die ich schon rudernd bewegt habe – ganz zu schweigen von der alten Badewanne, in der meine beiden Brüder und ich immer durch die Gegend juckelten, als wir noch auf den Antillen lebten –, bin ich 1999 richtig ins Rudern eingestiegen. Damals habe ich einen Verein gegründet, der es jungen Leuten aus schwierigen Verhältnissen ermöglicht, auf einem Nachbau der berühmten *Yole de Bantry*, einem traditionellen, 12 Meter langen Segelruderboot, einen Segeltörn zu machen. Mehrmals im Jahr waren wir auf Regatten in Frankreich und auch im Ausland. An diesem 10er-Ruderboot liegt mir viel. Es ist eine wunderbare Schule, und ihm verdanke ich auch meine Leidenschaft für das Rudern auf See. Es ist ein herrliches Gefühl, so dicht am Wasser zu sein. Die Nähe zum Ozean bezaubert mich, und genau dieses Empfinden hatte ich mir auch für die Überquerung erhofft, wäre sie auch noch so monströs. Ich erinnere mich an das Training mit meinem kleinen Pilot. Bei den ersten Versuchen auf dem Fluss lief alles bestens. Die Wetterbedingungen spielten keine Rolle, die Wasseroberfläche war ruhig, die Sonne schien, und Pilot glitt wie von allein dahin. Ich fuhr sogar mit bis zu 3 Knoten. Später, beim intensiven Training in Riec-sur-Belon in der Bretagne bei meinem Freund Jean-Daniel, einem Seebarschfänger, kam ich richtig in Form. Ich schlief viel, aß gut, meistens fuhr ein Begleitboot mit mir raus, und ich hatte keinerlei Stress. Bei Schwierigkeiten hätte ich nur winken müssen, und man wäre mir zu Hilfe gekommen. Außerdem wusste ich, dass mir abends nach einer heißen Dusche wieder warm sein würde und ich mich in einem behaglichen Bett schlafen legen konnte.

In diesen Untiefen aber, auf dem aufgewühlten Meer, ist alles ganz anders. Die Wellen lassen mir keine Zeit, die richtige Technik anzuwenden. Es schert sie nicht, dass ich mich völlig verausgabe, ohne vorwärts zu kommen, und ich nicht mehr gerade sitzen kann. Es ist ihnen egal, dass mir die Ruder aus den Händen springen und gegen die Brust prallen, das alles geht sie nichts an. Unaufhörlich schlagen sie querschiffs an Pilot an und sorgen so für heftige Erschütterungen. Mein ganzer Körper ist verkrampft, meine Muskeln schmerzen, ich klammere mich fest, so gut ich kann. Das Boot schlingert, stampft, wirft sich hin und her und dreht völlig durch, alles geht drunter und drüber. Jean-Yves Chauve, mein ärztlicher Berater, hatte mir gesagt, ich müsste Tagesrationen von über 1000 Kilokalorien pro Tag vorsehen, um »die Stellung zu halten«. Jetzt verstehe ich besser, was er meinte: Aufrecht sitzen zu bleiben, ist allein schon eine kräftezehrende Schlacht. Mein Sitz ist von der Gischt durchnässt, ich rutsche ständig hin und her. Die Ruder werden unter den hohen Wellen begraben oder schlagen sinnlos durch die Luft auf der Suche nach einem Ozean, der ihnen immer wieder entwischt. Ich habe den Eindruck, dass ich kein bisschen vorankomme. Ich blicke auf die Zeiger meiner Uhr, seit drei Stunden rudere ich durch diese zwei bis drei Meter hohen Wellen. Die Zeit, die während meiner Vorbereitungen so schnell verging, scheint sich jetzt merkwürdig in die Länge zu ziehen. Zum Glück gibt es noch Tag und Nacht, denn mir geht die Orientierung verloren. Ich versuche, nicht ständig auf diese Uhrzeiger zu starren, die sich nicht weiterbewegen. Ich zwinge mich, an etwas anderes zu denken. Immer wieder habe ich die Bilder von meinem Start vor Augen. Der abrupte Abschied vom Leben an Land ist nicht leicht. Und dabei stehe ich erst ganz am Anfang und habe mindestens noch drei Monate vor mir! Trotzdem muss ich aufhören, ständig zu heulen.

Man hatte mich gewarnt, die ersten zehn Tage seien unerträglich. Diese Zeit braucht man, um seinen Körper an die ständigen Bootsbewegungen zu gewöhnen, die Alltagsgewohnheiten und den Komfort des Lebens an Land zu vergessen und um mit der schmerzlichen Einsamkeit fertig zu werden.

Ich bin erschöpft, am liebsten würde ich die Ruder loslassen und mich ins hinterste Eck meines Cockpits verkriechen. Ich wünsche mir, dass irgendjemand mich beruhigt, tröstet, aufmuntert.

»Los, Maud, du musst wieder an den Start kommen. An die Arbeit, mach schon, ruder' weiter.«

Ich führe Selbstgespräche, meine müde Stimme klingt eigenartig, sie kommt aus meinem tiefsten Innern, und von ihrer sonstigen Fröhlichkeit ist nichts zu hören. Von Beginn an fühle ich mich krank, und mir ist ständig übel. Ich muss mich wieder fangen.

Trotz meiner Kraftlosigkeit gebe ich mir einen Ruck und greife nach einer Dose Flüssignahrung mit Vanillegeschmack. Angeblich schmeckt das und enthält außerdem alles, was man braucht. Trotzdem bringe ich es nicht ganz hinunter, es liegt mir schwer im Magen, meine Kehle zieht sich zu. Nach wenigen Minuten ist mir wieder schlecht. Es ist kalt wie im Winter, ein eisiger Wind schneidet mir in die Wangen. Ich mummele mich tief in meinen Fleeceschal und schließe die Augen, will vergessen. Pilot schwankt unablässig von einer Seite auf die andere. Ich muss meinen Rhythmus finden. Wenn ich jetzt aufhöre, habe ich womöglich nicht mehr die Kraft, mich wieder aufzuraffen.

Mit viel Mühe rudere ich weiter, aber mir wird wenigstens wieder warm!

Der Küstenstreifen hat sich erst seit kurzem verflüchtigt. Ich habe das Gefühl, vor einer Ewigkeit aufgebrochen zu sein. Wie soll ich je diese Überquerung schaffen? Oder auch nur die halbe Strecke? Ich werfe einen kurzen Blick auf die Karte, es ist unfassbar weit. Ich begreife nicht, wie ich mich je auf dieses wahnwitzige Vorhaben einlassen konnte.

Nur eine einzige Sache zwingt mich zum Durchhalten: In acht Tagen, am 24. Juni, organisiert mein Co-Sponsor Buro + eine Live-Schaltung zu mir auf den Atlantik. Sie haben Gérard d'Aboville als Moderator zu ihrer Jahreshauptversammlung eingeladen und werden dann mit mir sprechen. Carole Gradit und Direktor Ortola haben an alles gedacht: ein maßstabsgerechtes Modell vom Boot, Poster, die Karte mit der eingezeichneten Strecke als Geschenk für ihre Kunden ... Kurzum, es ist jetzt nicht der Zeitpunkt, die Hände in den Schoß zu legen. Sie haben sich gemeinsam mit mir in dieses Abenteuer gestürzt, dank meines Hauptsponsoren Pilot, dessen Kunden sie sind und der ihnen das Projekt vorgestellt hat, aber vor allem auch, weil sie daran geglaubt haben, und das vergesse ich ihnen nicht so schnell.

Meine Begegnung mit Pilot hatte sich eher zufällig auf Vermittlung eines Freundes ergeben. Erst wenige Tage vor der Pressekonferenz, auf der mein Projekt bekannt gegeben wurde, traf ich Hugues Chatelain, den zuständigen Ressortchef für Frankreich. Damals hatte ich noch keinen Sponsor und das Projekt bis dato mit eigenen Ersparnissen finanziert. Im Hinblick auf unser Treffen war mir klar, dass ich so professionell wie möglich auftreten musste. Es galt ihm zu vermitteln, dass es keinerlei Zweifel an meinen Erfolgsaussichten und meinem Durchhaltevermögen gab und es sich um eine ausgezeichnete Investition handelte. Voller Eifer und Entschlossenheit stellte ich ihm mein waghalsiges Projekt vor, und er ließ sich tatsächlich überzeugen. Kaum hatte er grünes Licht gegeben, ging die Lauferei los, um dem Boot einen neuen Look zu verpassen. Damals hieß es noch *Miss* und war in meinen Lieblingsfarben Schwarz und Rot gestrichen. Um vier Uhr morgens, wenige Stunden vor der Pressekonferenz meines treuen Partners France Info, tauften wir es vor dem Radiogebäude unter den Augen einiger Passanten auf *Pilot* um. Tags darauf wurde es in ein Containerschiff Richtung Saint-Pierre-et-Miquelon verladen.

Anfangs irrte ich auf der Suche nach Sponsoren ohne einen Kontakt oder ein Patentrezept – sofern es eines geben sollte – umher und kam über die Telefonvermittlung oder die Assistentin des PR-Chefs nicht hinaus. Trotzdem beschloss ich, um jeden Preis weiterzumachen. Sicherlich würden dem ersten Sponsor weitere folgen, und dann geriete die Sache ins Rollen. Es war schwierig, glaubwürdig und überzeugend zu sein. Ich bin gegen ernst zu nehmende Abwägungen angetreten, gegen fest verankerte Befürchtungen und Zweifel, sogar gegen mein Image als junge Frau. Ich musste ihnen die Stärken des Projektes vermitteln. Ich traf etliche Firmenchefs, Leiter von Handelsabteilungen und Marketingdirektoren, darunter auch einige, die mich anscheinend nur zu Unterhaltungszwecken empfingen. Vielleicht hatten sie sich ja verlesen ...

Also trat ich die Flucht nach vorn an und lief manchmal zu allem Überfluss auch noch rot an, aber ich war entschlossener denn je, gerüstet mit meiner Mappe, meinen Argumenten, meinem unermüdlichen Enthusiasmus ... denn ich konnte finanzielle Unterstützung wirklich gut gebrauchen!

Glücklicherweise konnte ich mir die Arbeitszeit in der Immobilienagentur mehr oder weniger selbst einteilen – was bedeutete, dass ich einiges am Abend erledigte. Tagsüber konnte ich aber abwechselnd mein großes Projekt vorbereiten und Pariser Immobilien verwalten. Zwischen zwei Baustellenbesuchen holte ich tief Luft, wappnete mich, so gut es ging, mit einem dicken Seemannsfell und machte mich auf zum nächsten Sponsorentermin. Ich hatte ein großes Ziel: überzeugen und darstellen, dass es sehr wohl zu schaffen war!

Über tausend Menschen haben den Mount Everest bestiegen,
zwölf sind auf dem Mond gelandet,
und nur sechs haben den Atlantik in West-Ost-Richtung überquert.
Darunter bislang noch keine einzige Frau.

Mit großen Augen lasen sie diesen ersten Satz meiner Präsentation laut vor. Ich ließ sie weiterlesen und legte ihnen dann in aller Schlichtheit dar, wie groß meine Begeisterung, meine Entschlossenheit und mein Wunsch waren, es zu schaffen. Wie oft habe ich sie schmunzeln sehen und gemerkt, wie mein Eifer sie belustigte, während sie mich ostentativ von oben bis unten musterten. Ein einziges Mal hat mir mein weibliches Äußeres nicht geschadet, und zwar bei *Madame Figaro*. Die Chefredakteurin Marie-Claire Pauwels war sicherlich erstaunt, aber auch geschmeichelt und erfreut, ihre Zeitschrift mit der Leistung einer ebenso sportlichen wie femininen jungen Frau in Zusammenhang zu bringen. In erster Linie wollte sie eine Frau bei einer persönlichen Herausforderung unterstützen. Dieses eine Mal hat es mir Glück gebracht, nicht in meinem roten Ölzeug zu erscheinen ... Aber das war nicht immer so, und insgeheim wurde ich rasend vor Wut. Nach außen wahrte ich mein Lächeln, aber es ging mir dennoch nahe. Traurig und entmutigt hörte ich sie sagen: »Wir werden sehen, wir melden uns bei Ihnen. Wissen Sie, im Moment können wir kaum ein weiteres Projekt fördern, unser Budget ist dieses Jahr reduziert ... und überhaupt eigentlich schon ausgeschöpft ...« Sie gruben jeder Diskussion das Wasser ab, ohne je das Wort »nein« fallen zu lassen.

Dass ich keinerlei Gelder auftrieb, wurde mit der Zeit problematisch. Ich musste die preiswerteste Ausrüstung kaufen, bei allem drastisch sparen, und es bedeutete vor allem auch, dass ich bis unmittelbar vor dem Start weiterarbeiten musste. Es blieb noch viel zu tun ...

Ich erinnere mich an eine Eigentümerversammlung Mitte Januar, eine Zeit, in der ich jeden Abend Dutzende von Dossiers über das Internet verschickte. Die Kunden versammelten sich im Besprechungszimmer, und ich ließ die Anwesenheitsliste durchgehen. Doch ich konnte mich kaum auf die Arbeit konzentrieren. Am Rand meines Notizblocks vermerkte ich, dass ich am Abend unbedingt dem Schiffsarchitekten eine Nachricht wegen eines kleinen Bullauges in der Wandverkleidung hinterlassen musste. Eine Idee von

Gérard, der sie an seinem Boot auch hatte anbringen lassen: eine kleine Luke, durch die Luft hereinkommt, so dass man die große bei sehr schlechtem Wetter nicht öffnen muss. Einleuchtend, oder?

»Mademoiselle Fontenoy, warum dauert die Renovierung des Treppenhauses so endlos lange? Wir leben jetzt schon seit über einer Woche mit halb abgetragenen Treppen.«

Ich schreckte hoch und musste mein Boot schleunigst verlassen. Ich atmete tief durch, setzte meine Hausverwaltermiene auf und begann mit den Erläuterungen.

Nachdem ich so viel Mühe darauf verwandt habe, Sponsoren von meiner Sache zu überzeugen, wage ich nicht, mir vorzustellen, in was für eine Lage ich Buro + bringen würde, wenn ich jetzt aufgäbe. Ungefähr so: »Maud ist, äh, tja, sie hatte einen schlechten Start und war zu müde, und jetzt ist sie wieder nach Hause gefahren.« Ende der Pressemitteilung. Ein so grässliches Szenario will ich mir gar nicht erst vorstellen. Nein, ich muss durchhalten, wenigstens ihnen zuliebe. Heute kann ich ihnen beweisen, dass sie zu Recht an mich geglaubt haben. Dass der Schein trügt und ich im Kostüm und auf hohen Absätzen weiblich auftreten kann und trotzdem ein so gewagtes Unterfangen wie die Atlantiküberquerung mit dem Ruderboot über die Nordroute schaffe.

Der Morgen geht vorüber, seit gestern hat das Meer sich beruhigt. Obwohl die Küste noch nah ist, liegt sie doch außer Sichtweite, ringsum ist nichts als das Meer. Der riesige Himmel scheint mich in jedem Moment daran zu erinnern, wie klein ich bin. Ich wage noch nicht, auf die Karte zu sehen, ich habe sie vor meinem Aufbruch oft genug studiert und will mich nicht jetzt schon entmutigen. Die Sonne ist aufgegangen, endlich kann ich mich ein wenig aufwärmen. Ich trenne mich von meiner Mütze und setze mich, in zwei

Fleecepullover und meine Segeljacke gehüllt, zu einem weiteren Rudertag in mein winziges Cockpit. Dieser kleine, enge Platz ist fast leer. Dort befinden sich nur die Ruder und der Gleitsitz, an den ich mich erst gewöhnen musste (auf den Modellen der *Yole de Bantry* sind die Bänke fest verankert). Den Steuerkompass, der mir auch anzeigt, wenn ich mich zurückbewege, habe ich ständig im Blick sowie natürlich mein Loch-speedo, der mich über Meerestiefe, Wassertemperatur und Geschwindigkeit informiert – oder doch informieren sollte.

Jeden Morgen hole ich meine Ruder aus dem vorderen Stauraum, wo ich sie am Abend sorgfältig wieder verstaue. Sie sind kostbar. Der französische Ruderverband hat mir drei Paar geschenkt – für alle Fälle! Der Stauraum bietet Platz für die Ruder und drei Kisten. Man kommt nur schwer an sie heran – ich muss mich der Länge nach hinlegen –, und jedes Mal haue ich mir den Kopf an. Die erste Kiste enthält Vorräte, unsortierte Tüten mit gefriergetrocknetem Essen. Ich nehme mir immer so viele Tüten heraus, wie ich für die Woche brauche, und öffne dann die erstbeste. Mein kleiner Bruder Roch hat die Auswahl getroffen. So viel also zu meiner täglichen Überraschung. In der zweiten Kiste liegt meine Kleidung, vor allem warme Fleecepullover, die in Plastik eingeschweißt sind. Auch dabei war mir Roch behilflich. Manche sind sogar parfümiert, sicher Mamas Idee. Jedes Mal, wenn ich eine dieser durchsichtigen Folien öffne, kann ich mich nicht nur darüber freuen, endlich wieder etwas Trockenes vorzufinden, sondern komme außerdem in den überwältigenden Genuss von Festlanddüften. Wenn man sich auf dem Meer erst einmal an den Jodgeruch gewöhnt hat, wird alles eintönig. Mir ist, als hätte ich meinen Geruchssinn verloren. Oft träume ich vom Duft im Unterholz, von frisch gemähtem Gras oder von Flieder ... In der letzten Kiste ganz vorn befinden sich mein zweiter Wasserentsalzer, Ersatzteile und Werkzeug.

Alles ist in wasserdichten weißen und roten Kisten verstaut, die das Boot bei einem Kentern zusätzlich an der Wasseroberfläche halten würden. Eine Idee meines Vaters Marc, der in jungen Jahren Schiffsarchitekt war und mir lauter gute Vorschläge unterbreitet hat. Wirklich praktisch ist das allerdings nicht, und jedes Mal, wenn ich eine dieser Kisten mühsam hervorgeholt und wieder verstaut habe, sind meine Gedanken bei ihm (vielleicht wollte er das ...), aber ich schimpfe wie ein Rohrspatz, wenn ich mir die Finger einklemme. »Lass das Schimpfen, Maud«, scheint mir leise jemand ins Ohr zu flüstern.

Der hintere Teil des Bootes wird von meiner ein Kubikmeter großen Schlupfkajüte eingenommen. Dort ist alles, was ich brauche, mein gesamtes Universum auf winzigem Raum: die Koje mit der zu dünnen Matratze (die sich meinem Körper bereits angepasst hat, so dass ich das Gefühl habe, direkt auf dem Boden zu schlafen), die Kochecke (ein Herd und ein Wasserkessel aus rostfreiem Edelstahl), die Schalttafel, mein Medikamentenset, das zweite Leuchtsignal und meine unverzichtbaren Leuchtfeuerraketen sowie sonstiges Sicherheitsgerät. Drinnen kann ich die Ruderpinne ebenfalls mit den Beinen bedienen, wie auch vom Rudersitz aus.

Das Radargerät meldet sich. Es zeigt mir ein nahendes Schiff an. Ich suche den Horizont ab, drehe den Kopf in alle Richtungen und entdecke es endlich backbord, ein weißes Schiff, das auf mich zusteuert. Ich rudere weiter. Eine Viertelstunde später ist es fast auf meiner Höhe. Es ist ein Trawler mit zwei großen Auslegern, ähnlich einer Riesenspinne. Er trägt den Namen meiner Mutter, *Chantal Spirit*, das muss ein Augenzwinkern von ihr sein. Ich schaue zu ihm auf, zum Glück ist die See nicht allzu unruhig. Die Männer auf der Brücke, die zur Besatzung gehören, haben mich gesehen. Sie sind völlig aus dem Häuschen; fünf Matrosen in dicker, gelber Arbeitskleidung beugen sich über die Reling. Ihre Gesichter kann ich nur schlecht erkennen. Sie sprechen mich auf Englisch an, es sind Kanadier aus St. John's auf Neufundland.

»Was ist denn mit Ihnen los? Brauchen Sie Hilfe?«

Ich sehe, wie sie große Augen machen, sie halten schon Ausschau nach einem Seil, um mich an Land zu schleppen.

»Ich rudere! Ich rudere über den Atlantik.«

Es ist, als würde ich Chinesisch reden. Ich kann selber kaum glauben, was ich ihnen da erzähle. Ich stehe noch ganz am Anfang, in unmittelbarer Nähe meines Startpunktes, und verkünde schlicht und ergreifend, dass ich in drei Monaten am anderen Ende ankommen werde – wenn alles gut geht. Da sie immer noch besorgt dreinschauen, wiederhole ich beharrlich:

»*No problem.* Kein Grund zur Beunruhigung!«

Sie scheinen nicht zu verstehen und fragen vier- oder fünfmal:

»*Do you need help?*«

Ich rudere weiter, um ihnen zu zeigen, dass alles in Ordnung ist und sie unbesorgt sein können. Am selben Morgen waren sie noch an Land, und heute abend werden sie wieder zurück sein. Ich bin seit fünf Tagen unterwegs, und da schlagen sie mir vor, mich zurückzubegleiten?

»Nein, bloß nicht, alles in Ordnung!«

»Wollen Sie etwas zu essen oder zu trinken?«

»Nein danke, gar nichts, ich habe alles, was ich brauche!«

Mir ist klar, dass sie kaum glauben können, dass ich auf so kleinem Raum alles untergebracht haben soll. In der Tat habe ich Verpflegung für neunzig Tage an Bord. Dennoch ist mir ein wenig mulmig zumute, zum einen, weil es Männer sind und ich als Frau ganz allein bin. Daher habe ich, als sie näher kamen, noch schnell einen dicken Pullover übergezogen, und meine Sonnenbrille und eine Mütze aufgesetzt, um die Haare zu verstecken. Zum anderen habe ich auch deshalb etwas Angst, weil sie mich sehr wohl auch zwangsweise an Land zurückbegleiten könnten. Mir ist klar, dass meine Situation nicht unbedingt nachvollziehbar ist. Sie müssen mich für komplett verrückt halten.

Ich möchte, dass sie weiterfahren. Es ist hart, wieder mit der Zivilisation konfrontiert zu werden. Mir fällt es schwer zu hören, wie sehr sie mich zur Aufgabe bewegen wollen. Ich spüre, wie viel Unbehagen ihnen das Weiterfahren bereitet. Sie sind so nah, dass die beiden Arme, an denen die Netze hängen, über meinen Kopf hinweggleiten. Sie holen ihre Fotoapparate hervor, sicher fürchten sie, man werde ihnen zu Hause nicht glauben. Ich zittere leicht und winke ihnen freundlich zu, um ihnen zu verstehen zu geben, dass unsere Unterhaltung beendet ist. Energisch rudere ich weiter. Sie winken zurück, sehen mir nach und folgen mir mit einigem Abstand. Dann bleiben sie zurück und werfen ihre Netze aus. Allmählich werden sie kleiner, und ich tauche ganz langsam wieder in meine Einsamkeit ein.

In den darauf folgenden Tagen sinken die Temperaturen, und der Nebel wird dichter. Am 24. Juni, dem heiß ersehnten Datum für die Live-Schaltung zu Buro +, bin ich erschöpft, immer noch durchnässt und durchgefroren. Ich kann es nicht fassen, dass ich erst seit elf Tagen unterwegs sein soll, es kommt mir vor wie eine Ewigkeit ... Um 22 Uhr schließe ich mein Iridium-Telefon an. Erst in letzter Minute schalte ich es ein. Ich muss sparsam mit den Batterien sein, denn die Sonne macht sich zu rar, als dass ich sie ausreichend wiederaufladen könnte. 22 Uhr und eine Minute, ich beginne zu warten, kämpfe mit dem Schlaf, meine Lider sind bleischwer. Die Minuten gehen vorüber, die Viertelstunden auch, und das Telefon klingelt noch immer nicht. Die Vorstellung, sie könnten mich vergessen haben, lässt mir das Blut in den Adern gefrieren, ich habe die letzten Tage nur ihretwegen durchgehalten. Das können sie mir nicht antun! Auf einmal fühle ich mich entsetzlich allein. Die schneidende Kälte, die pechschwarze Nacht und die unheilvolle Stille. Nur das kleine weiße Blinklicht an meinem Mast leistet mir Gesellschaft. Um 23 Uhr, als ich fast schon verzweifle, rufen sie endlich an. Sie haben ihre Kunden in einem großen Restaurant in Deauville versammelt, sind gerade mit dem Essen fertig, haben es schön warm und konnten nicht zu mir durchkommen. Der Kontrast ist himmelschreiend, ein wenig surrealistisch. Ich kauere in meinem feuchten Federbett und sauge ihre Worte auf wie köstlichen Nektar. Gérard ärgert mich gleich, indem er mir die Speisekarte vorliest; es ist, glaube ich, das Schokoladenparfait, das mir endgültig das Wasser im Munde zusammenlaufen lässt nach zehn Tagen Pulvernahrung ... Aber ich kann lachen und abspannen, und das ist das Ziel. Eine Viertelstunde lang bin ich komplett weg von meinem Boot und mitten unter ihnen, in gemütlicher Runde. Ich stelle mir alles bis ins Detail vor und hoffe vor allem eines: dass sie nicht allzu schnell auflegen. Ich beantworte ihre Fragen und merke, dass es auch sie sehr bewegt, mich live vom Atlantik aus zu hören, mitten zwischen den Eisbergen. Unser Gespräch geht dem Ende zu. Sie spüren, dass mir das Auflegen schwer fällt. Roger Ortola nimmt den Hörer: »Wir sehen uns bei der Ankunft, Maud, Kopf hoch.« Er will mich beruhigen und Seelentrost spenden. Dabei scheint niemand darüber nachzudenken, was für eine Strecke da noch vor mir liegt. Ihre Begeisterung lässt mich schmunzeln. Sie glauben an mich, und es tut so gut, das zu hören. Ich versuche, gelassen zu bleiben, und werfe heiter ein:

»Danke für euren Anruf, und denkt beim Nachtisch an mich!«

Bei diesen Worten werfe ich einen Blick auf mein Obst, das bereits vergammelt im Netz hängt ...

3

Nebel auf den Großen Bänken – Kindheitserinnerungen – Eine knapp verhinderte Kollision – Das erste Bad – Begleitet von Medusen

An diesem Morgen pfeift der Wind noch immer. Seit fast drei Wochen bin ich nun unterwegs. Es ist so eisig kalt, dass ich mich noch kein einziges Mal von oben bis unten gewaschen habe, vor allem nicht die Haare … Allmählich wird es Zeit, aber ich fürchte krank zu werden.

Bei dem Tempo, mit dem ich auf diesen Neufundlandbänken vorwärts komme, brauche ich für alles länger als vorgesehen. Die Fahrt südwärts zur Umrundung der Eisberge sollte nur rund zehn Tage dauern. Zehn Tage, aus denen dreißig werden, dreißig harte Tage in diesem vereisten Gebiet. Die Wassertemperatur liegt bei 6 °C, und gestern Abend war es in meiner Kabine 2 °C kalt. Draußen geht ein frostiger Wind, der Pilot von morgens bis abends zittern lässt und mich oft am Schlafen hindert.

Zu allem Überfluss habe ich den Eindruck, dass sich der dicke, undurchdringliche Nebel, der sich über die vergangenen Wochen gebildet hat, nie wieder lichtet. Ich lebe in einem Tunnel, in einer feuchtkalten Höhle. Ich kann kaum den Bug meines kleinen Bootes erkennen. Wir zwei sitzen in dieser weißlichen Masse in der Falle. Ich taste mich voran und versinke mit jedem Ruderschlag weiter in einer undurchsichtigen, trübseligen, tristen Materie.

Manchmal werden meine Schläge etwas zaghaft, ich habe Angst, mich vorwärts zu bewegen, es kommt mir fast so vor, als würde ich untergehen. Die Luft liegt trotz der Kälte schwer und stickig auf meinen Schultern. Wenn der Nebel sich in Sekundenschnelle hinter mir wieder formiert, fühle ich mich wie in einem dichten Wald.

Kein noch so winziger Lichtstrahl dringt mehr durch, mit jedem Tag wird es dunkler, so dass ich mich langsam frage, ob ich die Sonne wohl je wiedersehe. Ich lasse mich ausschließlich von meinem Kompass leiten. Für das seelische Gleichgewicht ist eine Sicht von nur wenigen Metern ausgesprochen schwer. Der Horizont fehlt mir, ich ringe nach Luft zwischen diesen weißen Mauern, diesen Nebelschranken. Der Wind bläst ohne Pause und lässt alles auf seinem Weg gefrieren, ich frage mich, ob wir uns nicht in Eiswürfel verwandeln. Wenn er wenigstens diesen Nebel wegblasen könnte.

«Pilot, was hältst du davon?»

Pilot antwortet nicht.

Ich beiße die Zähne zusammen und spreche immer weniger. Schon den Mund zu öffnen, ist eine Tortur, meine Kehle ist trocken, mit dem Trinkwasser gehe ich von Anfang an sparsam um. Mir ist, als wäre ich auf einem anderen Planeten, kein Laut dringt aus meinem Hals, ich will mich vom Druck dieser Wirklichkeit befreien. Es wird schon irgendwann wieder aufhören. Ich schlottere und habe Bauchschmerzen, fühle mich komplett verloren und würde am liebsten schon wieder heulen. Meine Kehle zieht sich zusammen, mir laufen die Tränen hinunter, ich verstecke mich in meinem dicken Schal. Vor wem? Vielleicht vor dem Ozean. Wie stünde ich denn da, wenn er wüsste, dass ich eine Heidenangst habe? Der Ozean liebt ganze Kerle, die Mutigen, diejenigen, die nicht locker lassen. Verlierer und Schicksalsgläubige kann er nicht leiden. Ich rudere, was das Zeug hält. Wenn man mich jetzt auffordern würde, irgendetwas zu sagen, würde ich völlig zusammenbrechen. Ich bleibe stumm und denke an das Ziel, an das Glück, das mich an dem Tag erwartet, an dem ich nur noch ein paar Meilen von der Küste entfernt sein werde. Ja, ich sehe die Ankunft vor mir. Ich stelle mir vor, wie ich meine Familie umarme. Ich habe das Gefühl, schon seit Monaten unterwegs zu sein.

Der Wind bläst weiter, er fährt überall hinein, schleicht sich unter meine Jacke, beißt mir in die Hände, die Nase, die Wangen. Mir ist schwindlig. Ich fühle mich schwach, darf nicht ständig wieder herauswürgen, was ich zu mir nehme. Jeden Morgen ist es dasselbe, mein Magen ist leer und stülpt sich trotzdem um wie ein Handschuh. Ich frage mich, ob es vielleicht die Vitamine sind, die ich nicht vertrage. Ich beschließe, keine mehr zu nehmen, ich werde ja sehen.

Hin und wieder überflutet eine hohe Welle das Cockpit. Ich bin von oben bis unten durchnässt. Wenn ich nur nicht krank werde.

Ich fühle mich allein, furchtbar allein. Einmal am Tag, nur ein paar Minuten lang, rufe ich an Land an. Danach ist es noch schwieriger. Ein paar Augenblicke lang fühle ich mich ihnen nahe, dann bin ich schonungslos wieder meiner Einsamkeit überlassen. Mamas Stimme klingt nicht wie sonst, ich muss sie beruhigen und ihr versichern, dass ich zurechtkomme.

»Ja, ja, ich habe was gegessen.«

»Trinkst du auch genug? Du musst dich dazu zwingen ...«

Ich weiche aus, denn ich habe nicht genug Sonnenenergie, um die Batterien aufzuladen, mit denen mein Wasserentsalzer funktioniert, und ich spare drastisch mit Trinkwasser. Ich diktiere ihr das Bordtagebuch, damit sie es ins Netz stellt. Komisch, das Wort »ich« will mir nicht über die Lippen kommen. Ich erzähle meine Geschichte in der dritten Person, als hätte ich mich von mir selbst losgelöst. Ich nehme den Betrachterstandpunkt ein, beobachte mich von oben, allein auf diesem riesigen Ozean, als wäre ich befreit von den Leiden dieses Körpers, den ich kämpfen sehe. Bestimmt versuche ich mich auf diese Weise zu schützen, als würde ich die Geschichte eines anderen erzählen. Das hilft mir, Abstand zu gewinnen und das »Pech«, das ich habe, zu relativieren.

Vier Monate lang wird es diese Kluft geben zu denen, die an Land sind, es warm haben und sich unmöglich vorstellen können, unter welchen Bedingungen ich lebe. Jeden Tag sind sie besorgt und haben das ungute Gefühl, sie hätten mir vielleicht besser Fesseln anlegen sollen. Ich bin ihnen unendlich dankbar dafür, dass sie es nicht getan haben. Sie haben verstanden, was mich dazu treibt, und mir stattdessen geholfen. Und eine andere Haltung hätte vermutlich auch nichts bewirkt. Außerdem sind meine Eltern mit gutem Beispiel vorangegangen. Sie hatten einen Traum und wollten meine Brüder und mich anders erziehen, und das haben sie auch getan, ohne Angst vor dem, was die Leute sagen könnten.

So kommt es, dass ich, die ich im Krankenhaus von Meaux, mitten auf dem Festland, zur Welt kam, sechs Tage später auf dem Arm meiner Mutter unser Segelschiff bestieg, das mein Vater zwei Jahre zuvor zur Geburt meines älteren Bruders Yann fertig gebaut hatte. Dort habe ich 15 Jahre verbracht. Auf diesem Schiff, einem 17 Meter langen Schoner, haben wir die Antillen befahren, sind dort geblieben, wo es uns gefiel, und das manchmal für mehrere Monate. Vor der Abiturklasse habe ich nie eine Schule besucht, wir erhielten Fernunterricht, unter dem wachsamen Auge meines Vaters. Morgens lernten wir, jeden Morgen, ohne Wochenende oder Ferien. Und am Nachmittag spielten wir, schwammen, gingen spazieren und pflückten unterwegs Mangos und Guaven. Wir waren sehr selbstständige Kinder, auf gewisse Weise streng erzogen, aber immer mit diesem Bemühen um Freiheit. Ich weiß noch, wie wir auf anderen Schiffen zu Besuch waren und Marc, wenn wir müde waren, zu uns sagte: »Dann leg' dich doch hin«, und in null komma nichts lagen wir eingerollt in einer Ecke und ließen uns von den Stimmen und dem Lachen der anderen in den Schlaf wiegen. Das sind so schöne Erinnerungen. Wenn ich hier jetzt rudere und Hunger habe und friere und ausgelaugt bin, dann sage ich mir, dass das wahrscheinlich die beste Vorbereitung war. Ich bin nicht als Ruderchampion zu meiner Fahrt über den Ozean aufgebrochen, sondern eher als eine, die schwer kleinzukriegen ist. Und dabei klingen mir immer die Worte meines Vaters im Ohr, wie er, als ich klein war und mir beim Hinfallen wehtat, sagte: »Hör' auf zu weinen ...« und mich auf andere Gedanken brachte.

Wenn das Bordtagebuch durchgegeben ist, wechsle ich noch ein paar Worte mit meiner Mutter. Sie ist merklich angespannt, auch wenn sie ihre Ängste vor mir verbergen will. Ich versuche, sie zum Lachen zu bringen. Jetzt, da ich unterwegs bin, will ich ihr nicht noch meine tagtäglichen Beklemmungen vermitteln, es würde ohnehin nichts ändern. Ich frage sie aus, erkundige mich nach ihrem Alltag. Ob sie schon das Zimmer von Yanns Baby eingerichtet haben, das demnächst zur Welt kommt? Chantal erzählt, dass sie gerade die Farben aussucht und ein kleines Holzbett gekauft hat. Ich wäre so gern bei ihr. Egal, mit wem ich telefoniere, aufzulegen ist eine regelrechte Folter, aber bis dahin lasse ich mir nichts anmerken, und erst wenn ich mein Satellitentelefon wieder verstaut habe, sinke ich als heulendes Elend zusammen. Ich klammere mich an jedes ihrer Worte wie eine Verzweifelte, als könnte ich sie so länger bei mir haben. Ihre Stimmen gehört zu haben, als stünden sie neben mir, und mit einem Mal wieder so weit weg von ihnen zu sein, ist fast noch schlimmer. Ich sollte mich einschränken, gar nicht anrufen, aber heutzutage leben wir in einer Welt der Kommunikation, alle wollen wissen, was an Bord von Pilot vor sich geht. Ein Tag ohne Logbuch im Netz ist ein Drama und führt zu allgemeinem Aufruhr. Jede Menge sorgenschwere E-Mails gehen ein. Es ist unmöglich, sich nach diesen Gesprächen gelassen wieder in der Einsamkeit zurechtzufinden. Dieser Spagat bleibt schwierig bis zuletzt.

Es ist mitten in der Nacht, im Cockpit lärmt es, jemand klettert an Bord, ein Guerillero wie aus dem Dschungel mit wildem Gesichtsausdruck. Er trägt einen schwarzgrünen Kampfanzug und über der

Hüfte eine Machete. Mit Gewalt versucht er, die Luke meiner Kajüte aufzustoßen. Er schafft es nicht und schlägt mit der Faust gegen das Bullauge ... Ich schrecke hoch, habe Herzklopfen. Was ist los? Nein, es ist nichts, es war nur ein Alptraum; in Wirklichkeit sind es große Flutwellen, die gegen das Boot prallen und es immer wieder unter sich begraben. Noch eine entsetzliche Nacht. Mein Rücken ist völlig ramponiert vom ständig ausschlagenden Pilot, meine Matratze ist wirklich viel zu dünn. Es gießt in Strömen, Wasser dringt ein, verdunstet. Allmählich ist alles in meinem Refugium durchnässt. Bald wird die Sonne aufgehen, man kann nicht viel sehen, immer noch dieser verteufelte Nebel, der sich nicht verzieht. Ich kuschele mich in mein Federbett, doch meine Ohren und Füße sind eiskalt. In meinem kleinen Zuhause riecht alles muffig, durch die Feuchtigkeit vergammeln Wände, Kleider, Kissen ... Die Nächte auf Pilot sind grässlich. Den ganzen Tag fürchte ich mich davor, will nicht daran denken. Und doch rückt sie Stunde um Stunde näher, irgendwann kann ich nicht mehr draußen bleiben und bin gezwungen, mich in meinen Verschlag zu verziehen, in dem Grabeskälte herrscht.

Die Nacht ist schwarz wie ein endloser Tunnel, es ist fürchterlich. Man muss dieses Schwarz gesehen haben, um es sich vorstellen zu können. Ein so tiefes Schwarz, wie man es bei Nebel auf dem Meer vor sich hat, ist an Land undenkbar. Nicht ein Schimmer. Man ist eingeschlossen in eine Welt, die den Menschen gänzlich überfordert, und steuert unausweichlich seinem Schicksal entgegen. Ich habe Angst, gegen einen Eisberg zu prallen. Ringsum werden mir welche angezeigt, ich kann sie nicht sehen. Das macht mich mürbe.

Pilot schlingert unentwegt. Ich lege überall Schaumstoff aus, aber es ist nichts zu machen, mein Körper verkrampft sich bei jeder Bewegung, ich klammere mich an meiner Matratze fest. Anbinden kann ich mich drinnen nicht, es wäre zu umständlich, mich im Notfall wieder zu befreien. Ständig pralle ich gegen irgendeine Wand. Ich will schlafen.

Beim Schlafen werden mir ein paar Stunden auf die veranschlagte Zeit für diese Überquerung geschenkt, ein paar Stunden des Vergessens. Jede Viertelstunde werde ich von einer noch größeren Welle geweckt, von einer noch heftigeren Bewegung, von Wasser, das mir ins Gesicht tropft. Der Lärm in der Kajüte ist unbeschreiblich. Man könnte meinen, man säße in einer Trommel, alles dröhnt. Endlos hört man es schlagen, knarzen, die Achse der Pinne knallt gegen irgendetwas. Wenn eine Flutwelle kommt, hört sich das an wie eine Lokomotive, die auf mein kleines Boot zurast. Ich presse mich noch dichter an die Wand, ich habe Kopfschmerzen und Atemnot, ich kriege zu wenig Luft. Ich will ein paar Minuten lang nicht mehr diesen Lärm ertragen müssen, der mich vor Angst schlottern lässt. Ich will, dass die Sonne aufgeht und diese Nacht endlich vorbei ist.

Ein teigiges, verhangenes Licht zeigt sich. Endlich ist es so weit, sechs Uhr, ab an die Arbeit. Nicht, dass ich darauf brenne, mein klammes, kaltes Loch zugunsten des noch unbequemeren Außencockpits zu verlassen, in dem das Wasser steht und mir ein kräftiger Wind entgegenbläst, aber irgendwie muss es ja weitergehen. Ich muss aus diesem Gebiet heraus. Von meiner Route ostwärts ist noch nichts geschafft, dabei bin ich schon seit drei endlosen Wochen unterwegs. Ich bin stramm gen Süden gerudert, um die Eisberge zu umschiffen, und manchmal muss ich die Vorstellung, dass die eigentliche Überquerung mir erst noch bevorsteht, mit aller Kraft verdrängen. Warum bloß wollte ich von Saint-Pierre-et-Miquelon aus aufbrechen? Manchmal weiß ich es selbst nicht mehr genau ... Jedenfalls hat es das noch bei keiner Überquerung gegeben, und allein deshalb wird meine einzigartig sein. Der Gedanke lässt mich schmunzeln, denn natürlich sind alle Überquerungen einzigartig. Das Meer kennt keine Wiederholungen.

Langsam schäle ich mich aus meinem Nest, hole als Erstes Zahnbürste und Zahnpasta hervor und putze mir mit etwas Meerwasser die Zähne. Beim Süßwasser heißt es eben sparen, wo es geht. Ich verziehe das Gesicht. Bei diesem Nebel funktioniert mein Entsalzer so gut wie nie. Ich kriege keinen Bissen runter und fange mit leerem Magen an zu rudern. Das Meer draußen ist schwarz wie Tinte, es wirkt schwerer als sonst. Ich habe das Gefühl festzukleben, als wollte der Ozean mir das Leben noch schwerer machen, als es ohnehin schon ist. Anscheinend will er mich nicht durchlassen. Sämtliche Muskeln schmerzen, meine Hände sind voller Blasen, der Hintern ist durchgesessen, und überall habe ich blaue Flecken. Mein Gesicht ist ganz unförmig von dem Schlag, der mich beim letzten Sturm getroffen hat, die Wange ist immer noch stark geschwollen. Zum Glück geht es meinem Handgelenk besser.

Der Dreck aber, die salzverklebten Haare und die klamme Kleidung werden mir jetzt wirklich unerträglich. Ich fühle mich nicht mehr wie ein Mensch, wage nicht mehr, mich anzugucken. Und das mir, einem sehr weiblichen Wesen, das nie unparfümiert das Haus verließ. Diese Zeit scheint schrecklich weit weg zu sein. Ich lerne, meinen Körper und meine Weiblichkeit zu vergessen, und konzentriere mich auf mein Ziel, auf meine Motivation für dieses Projekt, die ich vor dem Aufbruch sorgfältig überprüft habe.

Meine Gedanken gehen zurück zu diesem Oktobertag im letzten Jahr, an dem sich alles endgültig entschied. Es war der Tag, an dem ich meine erste Rate für das Boot überwiesen hatte. Damals begriff ich, dass es kein Zurück mehr gab. Ich verbrachte den ganzen Tag allein, hinter verschlossenen Türen bei mir zu Hause, und ließ immer wieder eine Platte von Tracy Chapman laufen. Ich hörte tief in mich hinein, dachte nach, stellte meine Triebfedern, meine Kräfte, mein Können auf den Prüfstand. Ich musste mir ganz sicher sein und wirklich aufrichtig zu mir selbst. Ich wägte Für und Wider ab und überlegte, was ich verlieren, aber auch gewinnen konnte. Ich weiß noch, dass ich weinte. Doch dann war ich mir sicher. Sicher, dass ich es nicht in den Wind schreiben würde. Es war beschlossen.

Diese Reise ist in erster Linie ein Traum, der Traum von einer intensiven Erfahrung auf dem Ozean. Seit wir von den Antillen zurückgekehrt waren (um uns auf einem Kahn niederzulassen ...), zog es mich immer wieder zum Wasser. Erst war es das Segeln, dann das Rudern. Aber ich wollte mehr. Ich hatte dieses unstillbare Verlangen nach einem wirklichen Abenteuer. Und ich wollte es allein bestreiten. Ich wollte die Grenzen des Machbaren ein wenig verrücken. Ich wollte bis zum Äußersten gehen, bis an den Rand meiner Emotionen, hinauswachsen über meinen Körper und seine Leistungsfähigkeit. Und ich wollte etwas voranbringen. Wie Gérard d'Aboville hatte ich mich mit Forschungsreisenden beschäftigt, aber ich las auch die Berichte großer Seeleute wie Moitessier, Slocum, Gerbault, die Romane von Melville und Jack London. Und sogar *Die Steppenreiter* von Kessel, das zwar in den Bergen spielt, aber auch von der Überwindung des Körpers und seiner Bedürfnisse handelt. Jetzt war es an mir, den Schritt zu wagen.

Ich weiß, dass bei diesem Abenteuer allein mein Wille entscheidend sein wird, um durchzuhalten und nicht aufzugeben. Er gibt mir die Kraft weiterzumachen. Auch an diesem Morgen reiße ich mich wieder zusammen und konzentriere mich. Mein Körper hält einiges aus, er wird sich wieder erholen. Ich benutze ihn wie ein kostbares Werkzeug und gebe auf ihn Acht, damit er nicht zur Belastung wird, ich überzeuge mich davon, dass nicht er das Sagen hat. Von seinem Ächzen lasse ich mich jedenfalls nicht verrückt machen ...

Darüber sinne ich gerade nach, als mein Radargerät erneut anschlägt. Irgendwo in der Nähe ist ein Schiff. Ich befinde mich genau an der Grenze zwischen den Großen Bänken und dem offenen

Meer, möglicherweise handelt es sich nicht um einen Trawler. Ich kann nichts sehen, vor meinen Augen baut sich eine trübe Nebelwand auf, der grelle Ton wird immer lauter, ich liege auf der Lauer und weiß nicht, was ich tun soll. Das Schiff kommt näher ... aber ich weiß nicht, von wo. Nach ein paar Minuten schrillt der Alarmton durchgängig, es muss ganz in der Nähe sein, doch die Wellen machen zu viel Krach, als dass ich es hören könnte. Vielleicht fährt es im Wind. Ja, das wird es sein. Ich rieche schon die Abgase. Ich spitze die Ohren und halte den Atem an. Die Spannung steigt, mein Herz schlägt immer heftiger. Jetzt erkenne ich backbord den Motorenlärm, es kommt näher, ich beginne zu zittern. Steuert es mit voller Kraft auf mich zu? Was soll ich tun? Ins Wasser springen? Schreien, kreischen? Ich denke kurz an die Leuchtfeuerraketen, verwerfe die Idee aber gleich wieder. Sie könnten als Hilferuf verstanden werden. Nein, das geht nicht. Normalerweise müssten sie mich auf ihrem Bildschirm sehen (später erfahre ich, dass meine Anlage defekt war und mich bei der gesamten Überquerung kein einziges Schiff je geortet hat), aber vielleicht bin ich ja zu dicht über dem Wasser. Auf ihrem Radargerät erscheine ich leider nicht größer als eine Welle. Dem Motorengeräusch nach muss es ein mächtiges Schiff sein, ein Frachter, vielleicht ein Containerschiff. Ich schnappe mir die Pilot Charts aus der Kajüte, die Karten, auf denen die Hauptrouten der großen Transportschiffe verzeichnet sind.

Erneut überprüfe ich meine Position: Hier dürfte eigentlich niemand sein, aber wahrscheinlich umschiffen auch sie wegen der Eisberge die Bänke. In meinem Cockpit trete ich von einem Fuß auf den anderen, diese Minuten sind endlos lang, die Zeit will nicht vergehen. Noch immer spitze ich die Ohren und lausche auf das kleinste Lauter- oder Leiserwerden. Das Geräusch bleibt konstant, und es kommt auf mich zu. Meine Beine geben nach, verkrampft setze ich mich auf meinen Sitz. Panisch verschließe ich dann sämtliche Bullaugen. Wenn es auf mich zusteuert und ich kentere, könnte ich das Schiff immer noch erreichen. Sofern mein Boot nicht auseinander bricht. Vor allem darf es nicht mit offenen Luken kentern. An Land anzurufen, bringt auch nichts, ich werde ihnen jetzt nicht erzählen, wie viel Angst ich habe. Ich warte noch ab, blicke auf Pilot und lausche. Da! Ich meine, einen anderen Ton zu hören, sie müssen gerade hinter mir vorbeifahren. Ja, ich habe mich nicht geirrt, langsam entfernen sie sich. Mein Blut kocht sprichwörtlich, ich hole wieder Luft und gucke auf die Uhr: Der ganze Spuk hat nur etwa eine Viertelstunde gedauert, aber mir ist, als wäre eine Ewigkeit vergangen. Ich bin völlig ausgepumpt. Was für ein Erwachen! Diese Gruselgeschichte hat mich hungrig gemacht. Ich hole eine Tüte mit nichtgefriergetrocknetem Essen hervor, wovon ich ein paar Kleinstrationen habe, ich krame ein wenig und greife eine Packung Pflaumen heraus. Das dürfte doch kraftspendend sein. Abwesend esse ich und denke noch einmal über das nach, was gerade passiert ist. Und wenn ich ihm im Weg gewesen wäre? Es sind so viele Schiffe auf den Großen Bänken unterwegs – rund dreihundert Kanadier, wie man mir sagte, dazu noch Spanier, Portugiesen ... ich sollte wirklich gut aufpassen, denn so viel Glück werde ich nicht immer haben!

Um die Mittagszeit halte ich es nicht mehr aus, ich beschließe, mich zu waschen, auch wenn ich vor Kälte umkommen sollte! Ich weiß nicht, wie lange ich den Nebel noch ertragen muss, aber ich weiß, dass ich nicht den Verstand verlieren will. Ich muss schleunigst wieder aussehen wie ein Mensch! Sich waschen heißt, sich um sich kümmern, damit man sich wieder besser fühlt. Sonst werde ich mir irgendwann selber unerträglich.

Pilot schlingert nach wie vor. Ich frage mich, ob er irgendwann wohl aufhört, so herumzuzappeln. Trotzdem, für morgen hat man mir starken Wind vorhergesagt, und ich weiß nicht, ob er Stunden oder Tage andauern wird. Wenn ich mich waschen will, dann jetzt. Später muss ich vielleicht ein oder zwei Tage lang in meinem Käfig eingesperrt bleiben, und das ist in meinem jetzigen Zustand undenkbar. Ich muss mich auf jeden Fall wohler fühlen, um die nächste Prüfung zu überstehen. Es ist beschlossen, ich lege meine Sachen zurecht.

Schnell hole ich aus einer der vorderen Kisten ein trockenes, eingeschweißtes Handtuch, eine Tube Shampoo und eine Lotion für sehr trockene Haut. So, alles ist bereit, los geht's. Ich fange an, mich auszuziehen, einen Pullover nach dem anderen, mir war nicht klar, dass es so kalt sein würde. Ich stehe in meinem Cockpit und sage mir noch einmal die goldene Regel vor: eine Hand für mich, eine am Boot. Pilot schaukelt hin und her. Ich halte mich an meinem kleinen Flaggenmast fest. Ein feiner Regen geht nieder, ich bibbere jetzt schon. Der Wind bläst, meine Füße baden in dem Wasser unter meinem Rudersitz. Man stelle sich vor, man steht zu früher Stunde an einer windigen Bushaltestelle oder am Bahnhof, eingemummelt in einen Mantel, reibt sich schlaftrunken die Arme, damit einem warm wird, und dann fordert einen irgendjemand auf, die Kleider abzulegen. Ich hole tief Luft und zwinge mich zu singen, ich versuche an etwas anderes zu denken und mir Mut zu machen, so gut es geht. Wenn ich keine Hautausschläge und Furunkel kriegen will, muss ich da durch. Ich hole einen Eimer Wasser aus dem Meer und beginne, mich abzuwaschen. Jetzt geht es wirklich zur Sache. Ich schreie, so laut ich kann, um die schneidende Kälte zu vergessen, überall brennt es, mein Körper ist an so raue Konditionen noch nicht gewöhnt. Ich denke zurück an die letzte heiße Dusche vor dem Start. Ich habe sie nicht genügend ausgekostet, damals wusste ich nicht um mein Glück. Nach kurzer Zeit hat mich die Kälte anscheinend betäubt, ich spüre meinen Körper nicht mehr, schnell spüle ich die Seife ab. Los, los, los, ich schnappe mir mein Handtuch.

Geschafft! Ich rubble mich von Kopf bis Fuß ab und creme mich ein. Im Eiltempo ziehe ich mich wieder an. Meine wunderbar warme Fleece-Kleidung kann leider auch nicht verhindern, dass ich zittere wie Espenlaub, meine Zähne klappern, was das Zeug hält. Ich trockne mir die Haare, so gut ich kann, dann flüchte ich mich eine knappe Stunde nach drinnen. Ich fühle mich erschöpft und gönne mir noch ein paar Minuten Pause ...

Prasselnder Regen weckt mich wieder auf, überall rinnt es herein. Ich rutsche ins hinterste Eck, damit meine trockene Kleidung nicht nass wird. Das Wasser, das die Glashaube über mir herunterläuft, ist ein trauriger Anblick, und doch ist mir wohler. Es war höchste Zeit. Ich bin froh, dass ich so mutig war. Jetzt muss mir nur noch ein bisschen wärmer werden, dann kann ich weiterrudern. Wenn es denn aufhört zu regnen. Ich muss auch mein Handtuch wieder trocknen, ich habe insgesamt nur vier. Ich träume von Sonne.

Ich liege auf dem Rücken, die Beine hochgelegt, damit das Blut zirkuliert und mein Muskelkater vorübergeht, die Füße sind in die Glaswölbung gezwängt. Ich lasse den Blick durch meine Kajüte schweifen. Zu meiner Linken ist die Schalttafel, an die die Sonnenkollektoren angeschlossen sind. Das Licht des Activ Echoradars blinkt grün, was bedeutet: niemand in der Nähe. Zu meiner Rechten befindet sich der Steuerkompass, der sich mit den Wellen hin und her bewegt. Der dunkle Fleck daneben ist der matte Griff des Tauchmessers im Gurt. In der gleichen Ecke befinden sich auch meine wasserdichte Lampe und ein großer Löffel für das gefriergetrocknete Essen, ein kleiner Brenner und ein Wasserkessel: die Kochnische. An den Wänden hängen ein paar Fotos und all die bunten Bilder, die die Kinder mir gemalt haben und an denen ich mich nicht satt sehen kann. Im Obstnetz hat nur eine einzige grüne Zitrone überlebt.

Es wird so lange dauern. Jetzt ist es erst neun Uhr in der Früh, und ich habe den Eindruck, schon einen ganzen Tag hinter mir zu haben. Ich versinke in den Kinderbildern. Sie haben Blumen für mich gemalt, Bäume, ein Lächeln, ein paar Mal »Viel Glück« und »Ich hab' dich lieb«. Mechanisch strecke ich den Arm aus und zeichne mit dem Finger die Umrisse der Gestalten nach, sehe ihre lächelnden Gesichter, ihre spitzbübischen Blicke wieder vor mir. Die Schulprojekte waren wirklich großartig.

In Paris fing es an, im Collège Jules Romain im 7. Arrondissement. Dort unterrichtete ich ein paar Stunden zum Thema Wasserentsalzung durch Umkehrung der Osmose. Ich stand zum ersten Mal vor einer Schulklasse. Die Kinder trauten ihren Augen nicht. Ich hatte eine Karte vom Atlantik aufgehängt und mein Gerät zur Trinkwasseraufbereitung mitgebracht und außerdem ein paar gefriergetrocknete Mahlzeiten als Anschauungsmaterial. Dann fand in jeder Klasse noch ein rund einstündiges Gespräch über sämtliche Aspekte meines Projekts statt. Es war beeindruckend, woran sie alles dachten und was sie mir für Fragen stellten. Ich erinnere mich noch an einen sehr hartnäckigen kleinen Jungen, der wissen wollte, ob ich Sauerstoffflaschen mitnehmen würde, falls ich mal in meiner Kajüte festsitzen sollte. Gar nicht dumm. Es hat mir viel Freude gemacht, dieses Abenteuer gemeinsam mit ihnen von allen Seiten zu beleuchten. Es hat mir Gelegenheit gegeben, ihnen zu zeigen, dass man einen verrückten Traum haben und diesen auch umsetzen kann, wenn man vorsichtig und bestmöglich vorbereitet ist. Im Grunde ihres Herzens hatten sie alle einen Traum: Einige wollten später Profifußballer, andere Archäologe oder Tierarzt werden, ein Pferd oder einen Riesenpanda haben. Durch mein Abenteuer wurden sie in ihrem Traum bestärkt. Sie stellten sich vor, wie sie Delfine streicheln und Wale beobachten würden. Kann es etwas Spannenderes geben? Mein Ziel war es, sie zu ermuntern, sich selbst zu überwinden und einer Leidenschaft nachzugehen. Alles ist möglich, wenn man wirklich daran glaubt, aber wir müssen uns die Sterne schon selbst vom Himmel holen ... Und Vorsicht walten lassen! Besonnenheit, minutiöse Vorbereitung, Durchhaltevermögen, Arbeit, Mut und Willen sind unbedingte Voraussetzungen. Die Kinder waren sehr aufmerksam. Aus meinem Traum wurde zunächst ein Projekt. Ich bin nicht aufgebrochen, ohne mir zuvor Gedanken gemacht zu haben. Ich habe den Kindern erzählt, dass ich anfangs einem Riesenberg gegenüberstand. Und diesen Berg habe ich mir eingeteilt und scheibchenweise abgetragen, bis zum Schluss. Das Wichtigste ist, dass man nicht den Mut verliert, und zwar unabhängig von der Zeit, die man braucht.

Meine Augen bleiben am Bild eines Mädchens haften. Aus Fotos von Lacklederpumps hat sie Buchstaben ausgeschnitten, die »MAUD« ergeben. Diese Frage tauchte nämlich auch auf: Ich kam immer aus dem Büro zu ihnen, war sehr fraulich gekleidet und sah vermutlich ihren Müttern ähnlich. Und dann erzählte ich ihnen von kenternden Schiffen, schweren Stürmen, Reparaturarbeiten ... Haben Sie Kinder? fragten sie mich. Als sei eine Frau wie ich eher keine Frau, die Kinder kriegt. Eine Mama ist schließlich keine Abenteurerin, die über den Ozean rudern will! In gewisser Weise haben sie Recht. Säßen bei mir zu Hause solche Engelsgesichter, wäre ich das Risiko nicht eingegangen. Noch mehr kleine Blondschöpfe saßen dann in Saint-Pierre-et-Miquelon vor mir, als ich Erstklässler besuchte, die mich mit riesigen Augen ansahen, einer niedlicher als der andere. Für sie stand allerdings fest: Ich war eine Außerirdische. Ich zeigte ihnen den Ozean, aber sie hatten keine wirkliche Vorstellung von der Entfernung. Ich erklärte ihnen, dass ich die ganzen Sommerferien brauchen würde; da waren sie beeindruckt. Was sie aber vor allem interessierte, waren die Fische, die Delfine, die Wale ... und ob meine Mama wohl weinen wird, wenn ich nicht mehr da bin? Anders als bei den Erwachsenen, die eher Sachfragen stellen, hatten ihre Fragen immer mit Gefühlen zu tun. Sie waren rührend. Für sie denke ich mir die verrückte Liebesgeschichte zwischen Josefine, der koketten Qualle, und Pilot, meinem romantischen Boot, aus, damit auch sie ihren Spaß am täglichen Logbucheintrag im Internet haben. Während der ganzen Ozeanüberquerung schreibe ich jeden Tag ein neues Abenteuer von der etwas bequemen Josefine und dem aufmerksamen Pilot, der sich um sie kümmert. Das geht so weit, dass mein Webmaster Alain Rigal bisweilen Post von Internetlesern bekommt, die ganz erstaunt sind, dass ich nicht allein an Bord bin! Es stimmt, dass ich in dieser Wüste und der Eintönigkeit der nebelumhüllten Neufundlandbänke als einzige Lebewesen nur dutzendweise Quallen jeder Größe sehe, die unter der Wasseroberfläche um das Boot herumschwimmen. Wehmütig denke ich an die herrliche Zeit mit den Kindern zurück. Alle standen sie auf dem Kai, meine kleinen Fans, und schrien: »Gute Reise, Maud!« Das hat mich wirklich berührt, diese Erinnerungen werden mich während der kommenden Monate begleiten. Das ist mein Horizont in diesem Nebel da draußen, mein Sonnenstrahl, meine kleine gemütliche Ecke in den frostigen Elementen. Und überhaupt werde ich irgendwann auch zig Kinder haben ...

Dann lichtete sich der Nebel ganz allmählich. Soeben lasse ich den so genannten Schwanz der Großen Bänke hinter mir. Heute ist der 14. Juli. Von einem Tag auf den anderen treibe ich im warmen Golfstrom, in dem ich etwas schneller vorankommen werde. Ich bewege mich jetzt in den ganz großen Tiefen, der Meeresboden unter mir ist 4000 Meter weit entfernt. Vor einem Monat bin ich aufgebrochen, und erst jetzt beginne ich meine Fahrt in Richtung aufgehender Sonne.

»Kurs Ost, volle Kraft voraus!«

Zweiter Teil

Die trügerische Sonne auf dem Golfstrom

4

Ein Brief von d'Aboville – Das Leben an Bord von Pilot – Eine Werft auf dem Land

Mir ist, als würde ich zum ersten Mal die Augen öffnen. Ein schöner Tag beginnt. Wie von Zauberhand hat sich die Waschküche um mich herum aufgelöst, und endlich finde ich mich in der Umgebung wieder, die ich so liebe: mitten auf dem Meer, dem ich auf meinem kleinen Boot so nahe bin, dem ich gar nicht näher sein könnte.

Lächelnd denke ich daran, wie Marc mir erzählt hat, dass sich meine Füße, als ich noch ganz klein war, zunächst wie Hände entwickelten. Ich habe an Bord eines Schiffes laufen gelernt, meine ersten Schritte absolvierte ich bei Schlingern und Stampfen, und meine Füße mussten zusehen, wo sie sich festklammern konnten ... Ich bin geschaffen für das Leben auf dem Wasser, wir gehören untrennbar zusammen. Meine gute Laune kehrt zurück. Natürlich birgt jede meiner Bewegungen auch ein gewisses Risiko, aber was für ein Glück, hier zu sein. Die Sonne über dem Boot verleiht dem Tag etwas Fröhliches. Sofort wird mir warm. Endlich Licht! Meine Batterie kann sich aufladen, und mit ein bisschen Glück werden sogar meine Sachen trocknen. Der Schlupfkajüte wird es gut tun, durchgelüftet zu werden.

Auch trinken kann ich wieder einmal ausreichend. Dabei habe ich den Eindruck, dass mein Organismus sich schon daran gewöhnt hat, ich habe nicht mehr so viel Durst wie vorher und komme insgesamt mit weniger aus.

Als meine Augen sich an das helle Licht gewöhnt haben, bin ich überrascht von der Farbe das Wassers. Der Ozean erinnert nicht mehr an talgfarbiges Magma, wie ich es seit meinem Start erlebt habe, sondern strahlt in tiefem Marineblau. Die Oberfläche glitzert, und an die Stelle der kurzen, abgehackten Wellen, die ich im flachen Wasser über den Großen Bänken erdulden musste, ist eine lange Dünung getreten.

Das Erstaunlichste aber ist die Temperatur. Die Luft ist fast sommerlich mild – immerhin ist es Ende Juli! –, und die Wassertemperatur ist schlagartig auf unglaubliche 25 °C angestiegen. Der schnelle Wechsel verblüfft mich. Ich stelle das GPS an und übertrage meine Position sofort auf die große Atlantikkarte. Kein Zweifel: Ich befinde mich tatsächlich auf dem berühmten warmen Golfstrom, der sich wegen der unterschiedlichen Dichte nicht mit kühlerem Wasser vermischt und mich schneller Richtung Heimat befördern wird. Von ihm werde ich mich so schnell nicht wieder fortbewegen. Dabei ist mir mein Loch-speedo behilflich, der die Wassertemperatur anzeigt und so die Route vorgibt.

Da fällt mir zu meiner großen Freude etwas ein: Sofort greife ich in eine meiner Kisten und hole eine große wasserdichte Hülle hervor. In ihr befindet sich ein Brief, den Gérard d'Aboville mir vor der Abfahrt geschrieben hat. Auf dem Umschlag steht: »Bei der Ankunft im Golfstrom öffnen«. Ich reiße den Umschlag auf und verschlinge die wenigen Zeilen meines Mentors, der sich selbst immer als mein »technischer Berater« bezeichnet: »Bravo! Jetzt gehört er Dir, der große Ozean ... mit seinen Delfinen, fliegenden Fischen und Goldmakrelen ... Aber trödele nicht, die Saison geht vorüber ...« Die Worte gehen mir sehr nahe, einen Moment lang bin ich auf dem Festland bei denen, die ich liebe. Ich bin froh und aufgewühlt zugleich, die erste Etappe meines schwierigen Parcours habe ich hinter mir, aber immerhin bin ich auch schon seit vier Wochen unterwegs. Es kommt mir vor wie ein zweiter Aufbruch. Nach dreißig harten Rudertagen blicke ich auf die Karte, dann auf den Horizont und wieder auf die Karte und kann es kaum fassen: Über 5000

Kilometer liegen noch vor mir! Kurzfristig lasse ich die Arme sinken. Aber ich versuche, mich auf die Hälfte der Strecke zu konzentrieren, die nächste wichtige Etappe.

Ich bin in einer anderen Welt und ganz verzaubert von dieser prächtigen Natur und dem Himmel, der mir jeden Morgen ein unglaubliches Spektakel beschert. Was für ein Wandel im Vergleich zu der faden Umgebung der vergangenen vier Wochen! Ich betrachte diese Landschaften vor mir in ihrer ganzen Komplexität, nehme alle Einzelheiten, alle Farben, die ineinander übergehen, alle Wetterschwankungen in mich auf.

Zum ersten Mal fühle ich mich angenommen, als habe man mir all diese Prüfungen auferlegt und offenbare mir jetzt die Wunder des Universums. Der Ozean gewinnt ein menschliches Antlitz, er wird zum allmächtigen Freund. Gewiss hat er mich leiden lassen, mich zum Heulen gebracht vor lauter Schmerz und Angst, er hat versucht, mir den Mut zu rauben und mich aus der Fassung gebracht. Und er hat mich gezwungen, mich zu konzentrieren und in jedem Augenblick dieser vergangenen 29 Tage zu kämpfen, um nicht aufzugeben. Er hat mich gezwungen, über meine Grenzen hinauszugehen. Es ging mir hundsmiserabel dabei, und das werde ich so schnell auch nicht vergessen.

Aber nun scheint er Frieden schließen und mich für meine Anstrengungen belohnen zu wollen. Jeden Morgen bin ich aufs Neue perplex. Geweckt werde ich von den ersten, orange gefärbten Sonnenstrahlen, ich öffne die Augen und sehe, wie sie sich allmählich verändern, immer kräftiger und greller werden. Gierig verschlinge ich diese Licht-Vitamine, ich kann gar nicht genug davon kriegen. Die Erinnerung an sie schließe ich fest in mein Herz, was mir hilft, den harten, schmerzhaften Alltag zu ertragen. Von den Geschichten, die mir der Ozean erzählt, ist eine spannender als die andere. Die meiste Zeit träume ich, meine Arme gehen mechanisch vor und zurück, so dass ich im Geist mit ihm entfliehen kann. Nachts, wenn mein Radargerät es zulässt, setze ich diese Reisen fort, erhebe mich aus meinem Boot und fliege an Land. Gestern war ich sogar zum Duschen zu Hause ... Und ich habe auch geschaut, wie es Yanns Freundin Gipsy während ihrer Schwangerschaft geht. Ich denke ständig an sie. Die Geburt ist für Anfang September vorgesehen; dann bin ich wieder zurück, so viel steht fest!

Als ich heute morgen auf meinem Rudersitz saß, ertönten plötzlich zwei dumpfe, heftige Detonationen. Entsetzt blickte ich um mich, der Horizont war leer, auch am gleichmäßig türkis gefärbten Himmel war es ruhig. Ich fand keine Erklärung. Als ich zu Hause anrief, berichtete ich von dem eigenartigen Geräusch, und niemand konnte mir sagen, was es war. Chantal stellte die Frage ins Netz, man weiß ja nie. Ein paar Tage später sollte ich die Antwort erhalten: Es war die Concorde auf ihrem letzten Flug. Sie hatte über mir die Schallmauer durchbrochen. Ein Mitglied der Crew entdeckte nach seiner Rückkehr die Frage auf meiner Homepage ...

Heute Nachmittag rudere ich still vor mich hin und verziehe das Gesicht, denn allmählich tun mir der Rücken und der Po fürchterlich weh. Es ist Zeit für eine Pause, aber die Stunde – denn einmal pro Stunde gibt es eine Unterbrechung – ist noch nicht vorbei. Ich halte auch die letzten zehn Minuten noch durch, die zugegebenermaßen jedes Mal wieder eine Qual sind. Bloß durchhalten, jeder Ruderschlag bringt mich dem Ziel näher, was ich heute schaffe, muss ich morgen nicht mehr tun. Um zehn nach vier am Nachmittag lasse ich meine Ruder schwimmen und stehe auf, reibe mir das Hinterteil. Ich stütze mich ab, damit ich nicht ins Wasser falle, und blicke mich um.

Das ist etwas, was ich hier gelernt haben, die Augen aufmachen, all die Dinge ansehen, die man vergisst, wenn man an Land ist, in diesem Leben, das mehr und mehr dahinrast und uns mitreißt,

Die *Gwenbleiz,* ein 17-Meter-Schoner, auf dem ich ab meinem 7. Lebenstag 15 herrliche Jahre in den Antillen verbracht habe.

Traumhaftes Leben in einer Hängematte zwischen zwei Masten. Mein Vater als Robinson, Yann und ich.

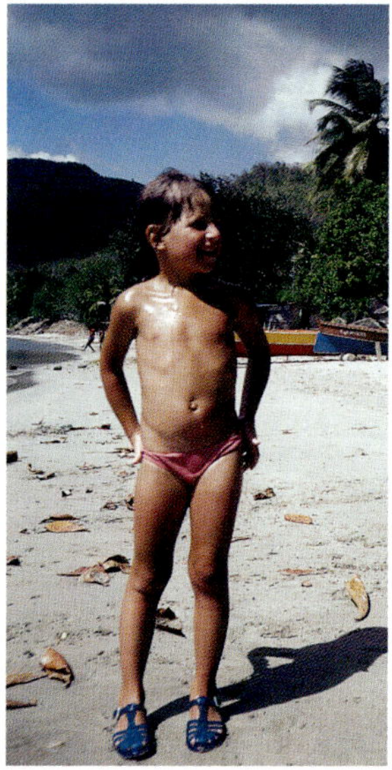

Fernunterricht am Vormittag, Strand, Spaziergang und Mangoernte am Nachmittag.

Das Rudersegelboot *Action*, auf dem ich mit jungen Leuten aus sozial schwierigen Verhältnissen an Regatten teilgenommen habe. Eine wunderbare Schule der Solidarität und des Miteinanders.

Nachdenkliche Momente wenige Tage vor dem Aufbruch. Eine Mischung aus Zweifel, Furcht und einer unbeschreiblichen Lust, auf diesen Ozean hinauszufahren.

Acht bis zehn Stunden Rudern pro Tag auf einem Boot, das beim Start 600 Kilo wog.

Über den Ozean auf 7,5 m Länge, 1,6 m Breite und mit drei Paar Rudern.

6700 Kilometer allein im Ruderboot. Das Schlimmste ist die Ungewissheit, ob ich es je schaffen werde.

Leben an Bord auf rund einem Kubikmeter. Besonders mühsam wird es, wenn ich wegen des Wetters stunden- oder gar tagelang drinnen eingesperrt bin.

Sonnenuntergang im Nordatlantik, leuchtende Farben, wohin ich auch blicke, ein Schauspiel, das meine Träume auf immer beflügeln wird.

Die ersten vier Wochen: unruhige See, Nebel, frostige Luft wegen der Eisberge ringsum und Containerschiffe, die ich hörte, aber nicht sehen konnte.

Ankunft um 4 Uhr morgens am 9. Oktober 2003 vor der Küste von La Coruña in Spanien: ein unvergesslicher Moment, ein Traum wird wahr.

Tags darauf erwarteten mich meine Familie, Freunde und Jean-François Copé in Orly. Es flossen viele Tränen der Rührung.

Links meine Freunde von Radio France, die mich großartig unterstützt haben, und rechts mein Mentor, technischer Berater und Freund Gérard d'Aboville.

ohne dass wir Luft holen können. Ich richte meinen Blick hoch zum Himmel. Dort türmen sich dicke Wolken, strahlend weiße Kumulonimbus. Sie stehen knapp über dem Horizont, wie eine Schatulle am türkisfarbenen Himmel. Sie ruhen auf einem waagrechten Fundament und scheinen alle auf einmal aus dem Boden geschossen zu sein. Je länger ich sie betrachte, desto mehr kommen sie mir wie frisch geschlagene Sahne vor. Ja, das ist es, Windbeutel mit Sahne. Mir läuft das Wasser im Mund zusammen. Diese Landschaft ist von irritierender Sanftheit. Ich hätte einen solchen Himmel nie für möglich gehalten. Dort, wo keine Sahnewölkchen stehen, sieht es aus, als hätte man eine dicke Buttercreme aufgetragen, wie ein Konditor auf einer Torte. Ich sehe meinen Großvater vor mir, einen ehemaligen Bäcker und Konditor, der sonntags zu Hause für das Familienessen die herrlichsten Kuchen und Torten kreierte. »Poupée« (»Puppe«) nannte er mich immer. Wer hätte gedacht, dass sich das kleine Mädchen, das immer so hübsche Kleider trug, eines Tages in einem winzigen Boot ganz allein mitten auf dem Ozean herumtreiben würde!

Ich habe mich abgehärtet, um die Folgen meiner Entscheidung auch tragen zu können, um durchzuhalten und nicht schlappzumachen. Darüber habe ich meinen Körper fast vergessen, und irgendwann bekam ich beinahe Angst, ich könnte meine Empfindsamkeit verlieren. Jetzt aber durchströmen mich die herrlichsten Gefühle, wie man sie im normalen Alltag nie erlebt. Dass ich diese Qualen überstanden habe, versetzt mich in eine andere Welt. Es ist nicht so, als wäre ich auf die Wahrheit gestoßen, aber ich bin ganz nah an der Schönheit dessen, was uns umgibt. An Land hätte ich mir nie vorgestellt, dass ein Sonnenuntergang mich zum Weinen bringen könnte, doch genau das passiert heute Abend, mitten in dieser unermesslichen Weite, nachdem ich so viel schlechtes Wetter ertragen musste. An diesem Abend ist es wie ein Zauber vor meinen Augen.

Als der Rudertag sich dem Ende zuneigt und mein Blick sich am Horizont verliert, überzieht noch ein undurchsichtiger, gräulicher Schleier den Himmel. Es ist die Stunde des Sonnenuntergangs, und doch kann man nichts erkennen, so dicht ist die Wolkendecke. Langsam wird es dunkel, und Pilot schaukelt auf den Wellen. Da passiert es: Innerhalb von zehn Minuten bildet sich ein Lichtstreifen zwischen dem Horizont und der wolligen Wolkenmasse. Der Himmel öffnet sich einen Spaltbreit auf Höhe der riesigen, majestätischen Sonne. Man könnte tatsächlich meinen, ein Auge habe sich plötzlich aufgetan. Die Pupille leuchtet in einem faszinierenden Gelborange. Ich bin gebannt, vollkommen hypnotisiert von diesem glühenden Blick. Die Konturen sind feuerrot und lassen den Horizont für kurze Zeit aufleuchten. Heftig durchströmt es mich von Kopf bis Fuß, es ist ein Gefühl, das ich gern mit jemandem teilen würde. Vom Meer wird dieses Auge jetzt bespritzt und sieht so aus, als fange es zu weinen an. Dann schließt sich der Himmel wieder und lässt mich verträumt und betört von seiner mysteriösen Erscheinung zurück. Nach einem solchen Schauspiel begreift man, wie winzig wir sind. So lasse ich die Tage vorüberziehen und staune in jedem Moment über ihre Schönheit, was mir die Kraft für den Alltag verleiht.

Kehren wir zu diesem Alltag zurück. Langsam lebe ich mich auf meinem Boot ein, kenne jeden Winkel. Ich habe mich endlich mit diesem enthaltsamen Leben ohne jeden Komfort abgefunden. Ich versuche, den Lärm zu vergessen und nicht länger gegen Pilots ständiges Hin- und Herschaukeln anzuschimpfen, sondern dabei mitzugehen. Ich will mich nicht mehr darüber ärgern, dass ich mich nicht waschen kann. Gedanken an üppige Salate oder ein Glas Orangensaft verbiete ich mir. All diesen Dingen sollte ich nicht mehr allzu viel Beachtung schenken, wenn ich durchhalten will.

Das Wetter bestimmt meinen Lebensrhythmus, hält mich manchmal 24, 36 oder gar 48 Stunden am Stück in der Kajüte fest. Ich kann mich nicht vom Fleck rühren und warte, bis das Unwetter vorüber ist. In diesen Zeiten der erzwungenen Einsamkeit und des Eingesperrtseins könnte ich manchmal durchdrehen. Man muss an irgendetwas denken, sich etwas ausdenken. Die Decke meiner Kajüte mit all ihren Unregelmäßigkeiten kenne ich in- und auswendig, die Zusammensetzung meiner gefriergetrockneten Mahlzeiten kann ich blind aufsagen, jedes Ding wird genauestens angeschaut. Das Logo von France Info beispielsweise, meinem Partner in Medienangelegenheiten, birgt für mich kein Geheimnis mehr. Den Direktor Michel Polacco würde das zum Lachen bringen. Ich stelle mir die Entstehungsgeschichte vor, meine Augen haben die nicht abgesetzte Schleife des »O« zigmal nachgemalt, ich habe an die Grafiker gedacht, die es entworfen haben. Ob es wohl mehrere Entwürfe gab? Das muss Außenstehenden ziemlich irre vorkommen ... Und ich neige dazu, ihnen Recht zu geben. Wenn ich meine Mutter am Telefon habe, will ich jede Kleinigkeit wissen. An Land begreifen sie das nicht, aber ich muss unbedingt alles über sie erfahren, was sie tun, wie sie sich fürs Theater anziehen, was sie Gutes essen – mikroskopische Details, für die ich mich vorher nie interessiert hätte. Ich muss mir den Kopf voll packen und male Postkarten von ihrem Leben.

Vier Monate Einsamkeit sind lang! Ich denke auch an die Zukunft, ich stelle mir mein künftiges Leben vor, mache Pläne für die Zeit, wenn ich wieder festen Boden unter den Füßen habe. Ich träume ununterbrochen, während ich von oben bis unten durchgeschüttelt werde und gegen sämtliche Wände pralle. Pilot verwandelt sich manchmal in einen Shaker, die reinste Waschmaschinentrommel. In solchen Fällen braucht man erst gar nicht die Geduld zu verlieren und darf sich erst recht nicht aufregen. Dabei brodelt es manchmal in mir, und meine Machtlosigkeit erscheint mir unerträglich. Und dann weiß ich nie, wie lange es noch so weitergeht. Wird es eine Stunde dauern oder zwei oder aber drei Tage? Ich versuche, mich zu entspannen.

Meine größte Angst besteht darin, einem Containerschiff zu begegnen; bei Sturm kann es mich noch viel weniger orten. Die Gefahr einer Kollision gehört mit zu dieser Überquerung, ich befahre die ganze Zeit anerkannte Frachtschiffrouten. Insgesamt treffe ich auf rund fünfzig Schiffe, was jedes Mal ähnlich verläuft. Mein Radar setzt sich in Gang, ich schaue durch die Kuppel, um zu sehen, was der Auslöser dafür war. In der Ferne sehe ich sie vorbeifahren. Oft genug aber sehe ich sie auch aus der Nähe, aus allzu großer Nähe.

Eines Morgens, nachdem ich die Nacht inmitten rund vier Meter hoher Wellen verbracht hatte, streifte uns ein rund 150 Meter langer Frachter. Er hatte wohl, aus welchen Gründen auch immer, sein Radargerät nicht eingeschaltet, so dass mich keine Sirene vor ihm warnte. Ich denke oft an diese Szene. Nur wegen des Lärms der gewaltigen Maschinen streckte ich den Kopf hinaus, und dann sah ich es, ein riesiges Monster aus rotem Eisen. Was für ein Horror! Ich spürte, wie mir alles Blut in den Kopf schoss. Ich war wie versteinert, mein Mund stand halb offen, und ich brachte keinen Ton heraus. Wegen seiner furchterregenden Geschwindigkeit dauerte es nur wenige Sekunden, ich hatte ihn kaum bemerkt, da war er auch schon an uns vorbei. Ich ließ mich auf meine Pritsche sinken. Um ein Haar wären wir versenkt worden. Ein Unfall hier kann natürlich immer tödlich sein. Ich brauchte den ganzen Tag, um mich von dem Zwischenfall zu erholen. Warum nur hatte er sein Radargerät ausgeschaltet? Ich mochte es drehen und wenden, wie ich wollte, ob mit oder ohne Radar, die Situation wäre die Gleiche gewesen. Der Seegang war zu stark, als dass ich mich ins Cockpit gesetzt hätte, und selbst wenn, hätte ich das Boot gegen Wind und Wellen nicht steuern können. Der Wind tobte, das Boot trieb ab, und ich konnte nur noch beten, nicht auf der Route eines Tankers zu liegen.

Wenn ich nicht in meinem feuchten Käfig eingesperrt bin, muss ich die verlorene Zeit aufholen. Gleich nach dem Aufstehen putze ich mir die Zähne, wasche das Gesicht und gehe an die Arbeit. Um 6 Uhr sitze ich in der Regel bereits an den Rudern, vor allem im Golfstrom, wo es tagsüber zu heiß ist. Keine Wolke steht am Himmel, und es wäre unvernünftig, in der Sonne zu bleiben. Ich trage langärmlige Kleidung, Sonnenhut und Sonnenbrille und creme mich dick mit Sonnenschutzmittel ein, und doch habe ich jeden Abend schreckliche Kopfschmerzen wie kurz vor einem Sonnenstich. Manchmal suche ich zwischen 12 Uhr mittags und zwei Uhr nachmittags Unterschlupf, um überhaupt durchzuhalten. In meiner Kajüte ist es doppelt oder sogar dreimal so heiß, ungefähr 40 °C, aber es ist weniger riskant, also ertrage ich es. Natürlich herrscht absolutes Badeverbot, umso mehr, als ich hier und da Haifischflossen erspähe.

Meine Grundnahrung besteht im Wesentlichen aus gefriergetrocknetem Essen. Anfangs hatte ich außerdem noch ein paar Suppen, Getreideriegel, Trockenobst und eine Tafel Schokolade pro Woche dabei, doch merkte ich sehr bald, dass das nicht ausreichte. Ich brauche enorm viele Kalorien, allein schon, um nicht umzufallen, immerhin rudere ich acht bis zehn Stunden pro Tag. Ich brauche Zucker, Energie, aber auch Genuss. Und das hatte ich unterschätzt. Meine gefriergetrockneten Tütenmahlzeiten bestehen aus Pulver, das ich in entsalztem Wasser auflöse. Es ist nicht schlecht, es schmeckt mir sogar ganz gut und mit der Zeit immer besser. Je weiter ich vom Festland entfernt bin, desto mehr weiß ich bestimmte Dinge zu schätzen. Roch hatte mir Ballaststoffriegel gekauft, die ich ungenießbar fand – und er übrigens auch! Ich hatte sie alle beiseite gelegt; und nach zwei Monaten, als ich außer meinem Brei nichts mehr zu beißen hatte, waren sie zwischen zwei Ruderschlägen ein Hochgenuss. Ich hätte nie gedacht, dass sie mir einmal so schmecken würden. In der Regel esse ich zu den normalen Zeiten, um einen gleichmäßigen Rhythmus beizubehalten. Das Essen sorgt für Abwechslung, allerdings muss ich mit meinen Vorräten haushalten, denn mit seinen siebeneinhalb Metern Länge und gut anderthalb Metern Breite ist Pilot nicht gerade groß. Unbeladen wiegt er rund 350 Kilo, beladen 600. Das ist ganz schön schwer zu bewegen. Ich habe mir also genauestens überlegt, was ich mitnehmen musste und durfte. Umso mehr, als ich während der ganzen Überquerung nichts wegwerfe. Wenn man das Meer so liebt wie ich, wirft man kein Gramm Abfall hinein. Ich staple ihn nach und nach in der vorderen Kajüte in einer eigens dafür vorgesehenen Tonne, die immer schwerer wird. Leider gestaltet es sich daher im Laufe der Überfahrt immer schwieriger, an die übrigen Kisten heranzukommen ...

Allein die Reiseapotheke in meiner Kajüte nimmt schon eine ganze Kiste ein, so dass mir nur an vier Stellen noch Stauraum bleibt für die Werkzeugkiste, die wöchentliche Essensration, Kleidung, Sicherheitsausrüstung, Navigationsinstrumente und natürlich sämtliche Gebrauchsanweisungen. Die habe ich alle mitgenommen, um sicher zu sein, dass ich im Notfall alles reparieren kann. Was sich nach der Hälfte der Strecke auch als äußerst nützlich erweisen sollte ... Pilot wurde in Boran-sur-Oise bei Chantilly gebaut, in einer kleinen Werft auf dem Land. Für die Konstruktion wurden die Pläne eines Bootes zugrunde gelegt, das den Atlantik auf der südlichen Passatroute überquert hatte. Gemeinsam mit Gérard d'Aboville arbeitete ich einige Verbesserungen ein. Vor allem machten wir das Boot deutlich stabiler. Es musste sturmtauglich sein. Deshalb fügten wir als Erstes Wasserballast hinzu, Behälter, die unterhalb der Wasserlinie eingebaut und mit Meerwasser gefüllt sind. Sie machen das Boot bei atlantischen Tiefs schwerer und sorgen dafür, dass es sich nach dem Kentern leichter wieder aufrichtet. Wir tüftelten auch an einer möglichst sinnvollen Inneneinrichtung, um das Leben an Bord zu erleichtern, aber es ist beileibe nicht perfekt geworden. Auch Marc hat mich oft auf die Baustelle begleitet, um den Bau zu beaufsichtigen. Ich war fast jeden Morgen in aller Herrgottsfrühe dort, bevor ich ins Büro ging. Am liebsten hätte ich alles stehen und liegen lassen, um den Bau über die vier Monate hinweg aus nächster Nähe zu verfolgen. Ich wollte alles sehen, alles erfahren, wie von einem kleinen Kind, das man heranwachsen sieht ... Aber leider hatte ich noch keine Sponsoren und brauchte mein Einkommen, um das Boot überhaupt bezahlen zu können ...

Die ersten Versuche fanden auf dem Fluss statt, mitten auf dem Land in der Nähe einer Schleuse, vor den Augen der Anwohner, die es nicht für möglich hielten, dass dieser winzige »Kahn«, wie sie immer sagten, eines Tages auf dem riesigen Ozean unterwegs sein könnte. »Das ist doch Wahnsinn!«, war ihre einhellige Meinung. Wir machten den Kentertest. Ich setzte mich in die Kajüte, und das Boot wurde mit Hilfe von Seilen gedreht. Ich weiß noch, dass ich es damals eigentlich ganz lustig fand. Es waren viele Leute dabei, und dadurch nahm ich die Sache auch ganz anders wahr. Alles ging sehr schnell, und diese Angst vor dem Vorher und Nachher gab es nicht. Natürlich war durch den Windsack Wasser hineingekommen, aber wir hatten Zeit und konnten die nötigen Reparaturen erledigen. Andere Probleme würden schon nicht auftauchen ...

Spartanisch blieb es immer. Das Geheimnis meines Lebens an Bord ist, dass ich mich mit wenig zufrieden gebe und mich der Gedanke an mein früheres Leben nicht verrückt macht. Vor allem bloß nicht auf die Schnelle eine kleine Runde drehen wollen und sich die

Beine vertreten. Ich darf nicht daran denken. Es fällt mir schwer, nicht herumlaufen zu können, mich nicht einmal ausstrecken zu können, wenn ich wegen des Wetters in der Kajüte eingesperrt bin. Bevor ich mich an die Ruder setze, mache ich immer Lockerungsübungen, um die Gefahr einer Zerrung oder anderer Verletzung zu reduzieren und nicht allzu viel Muskelkater zu haben. Und dasselbe abends wieder: Konsequenz und nochmals Konsequenz!

Nach jeder Ruderstunde massiere ich mich, so gut es geht, damit das Blut zirkuliert, und zwinge mich, ausreichend zu trinken. Das Wasser aus meinem Entsalzer ist ungenießbar. Anders als das Essen, das ich irgendwann sogar gern zu mir nehme, ist und bleibt das entsalzte und destillierte Wasser scheußlich. Ich glaube, dass bei der Installierung Epoxy-Harz in den Kanister gelaufen ist und ihn dauerhaft verunreinigt hat. Es ist dieser grässliche Geschmack nach Chemikalien, den ich nicht mehr ertrage. Ich zwinge mich zu trinken und habe trotz meiner Vorsichtsmaßnahmen zwei Sehnenentzündungen an den Beinen, so dass ich jede Nacht vor Schmerzen wach werde. »Mehr trinken, Maud«, rät der Arzt mir immer wieder.

So sieht mein Leben auf Pilot aus. Ich sehe zu, wie unglaublich langsam die Zeit vergeht, und versuche, mich an den kleinen Dingen zu erfreuen, etwa indem ich die Natur in ihrer betörenden Reinheit und Vielfalt beobachte. Und ich versuche nicht zu vergessen, dass ich gerade Tag für Tag meinen Traum zur Wirklichkeit mache. Ich rudere weiter, immer weiter, den Blick fest in die Ferne gerichtet.

5

Auf der Walroute – Tropensturm Danny – Delfine

Ein eigenartiger Lärm reißt mich plötzlich aus dem Schlaf, eine Art lautes Schnaufen. Wie ein geölter Blitz fahre ich aus meiner Daunendecke hoch und stürze halb angezogen nach draußen. Mich trifft fast der Schlag. Zwei schwarze Gebilde schnellen durch die Fluten direkt auf mich zu – Wale! Noch nie habe ich sie aus so großer Nähe gesehen. Sie bewegen eine unglaubliche Menge Wasser. Vor ihnen formiert sich eine schäumende Welle, und hinter sich lassen sie einen imposanten Wirbel. Sie sind mindestens dreimal so lang wie mein Boot, und mit beunruhigender Zielstrebigkeit bewegen sie sich genau auf mich zu. Ich stehe beim Rudersitz und klammere mich mit einer Hand an den kleinen Fahnenmast. Meine Beine sind butterweich und schlottern, mein Herz schlägt wie verrückt. Das fantastische Spektakel raubt mir den Atem. Es ist, als gehöre das Meer ihnen, fast ist es mir unangenehm, ihnen im Weg zu sein. Nichts scheint sie aufhalten zu können, sie sind wie Bulldozer, wie riesige Lokomotiven auf Schienen. Ihr Herannahen nimmt mich vollkommen gefangen. Ich bin hin und her gerissen zwischen dem Verlangen, sie noch näher herankommen zu lassen, und dem Bedürfnis, allmählich Krach zu schlagen, um sie aufzuschrecken. Sie schnauben mächtig, das Wasser schießt aus ihrem Brustkorb wie aus einem Geysir: Das war er, dieser merkwürdige Lärm, der mich geweckt hat. Unbeirrbar gleiten sie weiter auf und ab, sie sind jetzt nur noch rund dreißig Meter entfernt. Einmal mehr scheint die Zeit in dieser unglaublichen Szene still zu stehen. Ein Schauder durchläuft mich. Deshalb bin ich hier, deshalb habe ich gegen meine Selbstzweifel, meine Angst vor dem Unbekannten angekämpft.

Haben sie mich gesehen? Werden sie in letzter Sekunde abtauchen? Es heißt, Wale seien sich ihrer imposanten Größe durchaus bewusst und hätten äußerst sensible Antennen. Aber wenn sie mich erst im letzten Moment sehen? Wenn sie die Entfernung nicht richtig einschätzen und zu nahe an Pilot herankommen? Bei ihrem jetzigen Tempo gäbe es ein Gemetzel. Ich würde vermutlich sofort untergehen. Die riesige Schwanzflosse des vorderen Tieres trifft wuchtig auf die Wasseroberfläche. Die Welle setzt sich fort, Pilot wird erschüttert. Sofort bin ich wieder ganz klar im Kopf, ich muss handeln. Ich klatsche in die Hände und schreie lauthals. Ganz sicher ein lächerlicher Anblick. Ich stelle mir ein Auge vor, das von ganz weit oben dieses Spektakel betrachtet: ich, mutterseelenallein auf dem riesigen Ozean, wie eine winzig kleine Marionette, ein zappelnder Hampelmann vor zwei unerschütterlichen schwarzen Monstern, die rücksichtslos auf mich zurasen. Vielleicht würde man von da oben ja noch viel mehr Wale sehen, vielleicht bin ich mitten in einer Walfamilie, einer regelrechten Kolonie. Bestimmt wurden die beiden vom leuchtenden Orange der Antifouling-Beschichtung angelockt, die den Rumpf vor Algen schützt. Tatsache ist, dass all meine Anstrengungen, mich bemerkbar zu machen, nichts helfen, ich kriege es ernsthaft mit der Angst zu tun und werde ganz zappelig, meine Kehle ist trocken und schmerzt. Ich weiß nicht mehr, was ich tun soll. In letzter Sekunde schließlich tauchen sie unter dem Boot hindurch, und ich spüre, wie es unter meinen Füßen vibriert. Ein paar Meter von uns entfernt tauchen sie wieder auf, als wäre nichts gewesen. Meine Beine geben nach, und ich sinke auf den Rudersitz. Sie wirken irgendwie vergnügt. Fast könnte man meinen, sie wollten Katz und Maus mit mir spielen. Verärgert und amüsiert zugleich schreie ich hinterher: »Findet ihr das etwa lustig?«

Sie scheinen langsamer zu werden, ich traue meinen Augen nicht. Soll das ein Spiel sein? Vielleicht langweilen sie sich ja? Eine Zeit lang tummeln sie sich um mein winziges Boot und scheinen sich über meine Anwesenheit zu wundern. Ich frage mich, was wohl in ihren Köpfen vorgeht. Angst scheinen sie jedenfalls nicht vor mir zu haben. Einen Moment lang fühle ich mich nicht ganz so allein und traurig. Aber ich muss weiter, der Weg ist noch lang, sogar *sehr* lang. Heute ist der 20. Juli, Viertel nach sieben in der Früh. Ich nehme meinen Platz ein und beginne den Rudertag. Die Wale machen lautlos kehrt und ziehen auf ihrer geheimnisvollen Route unauffällig wieder von dannen. Sie lassen nichts als einen breiten Strudel zurück, der wenige Augenblicke später der letzte Hinweis auf ihren kleinen Abstecher ist.

Der Rest des Tages verläuft leider nicht so glücklich. Am späten Vormittag – nachdem ich Zukunftspläne geschmiedet und mit halb geschlossenen Augen meinen Gedanken nachgehangen bin – schalte ich mein Iridium-Telefon für ein Interview mit Christian Bex von France Info ein. Ich bin immer aufgeregt vor diesen Anrufen und sehne sie herbei. Christian Bex war einer der Ersten, die an mich geglaubt haben. Gérard d'Aboville, den ich im Rahmen der Regatta *Défi Jeunes Marins* kennen gelernt habe und der mich, neben meiner Familie natürlich, als Allererster unterstützt hat, hatte mein Treffen mit Christian herbeigeführt, der damals Gérards Pazifiküberquerung begleitet hatte. Auch der Direktor Michel Polacco fing Feuer, und so wurde France Info zu meinem ersten Partner. Seither sind sie stets an meiner Seite gewesen, und ich kann sie mittlerweile auch als Freunde bezeichnen. Woche für Woche hocke ich mich in meine Kajüte, gebe Christian eine Zusammenfassung und versuche derweil, so ruhig und schwungvoll wie möglich zu sein. Er ist so besorgt, dass ich ihn in meine Ängste und Zweifel erst gar nicht einweihe. Je länger die Überfahrt dauert, desto mehr genieße ich diese wöchentlichen Verabredungen. Ich erzähle ihm, wie es mir geht, ich versuche, ihn ein paar Minuten lang zum Träumen zu bringen, und entkomme so ein wenig meinem Ruderalltag. Es sind wundersame Momente. Mehr noch als die Medienpräsenz zählt für mich, dass ich mit jemandem reden kann, der ganz bei der Sache ist. Auch Michel Polacco ruft mich regelmäßig an und macht mir Mut. Über sie erfahre ich Neues aus der Redaktion. In meiner Einsamkeit und Bedrängnis bedeuten mir diese Dinge viel. Ihre Worte, so schlicht sie auch sein mögen, geben mir erstaunlich viel Trost. Sie sind der Beweis, dass man mich nicht vergisst und immer noch an mich glaubt.

Kaum schalte ich jetzt allerdings mein Telefon ein, ertönt auch schon ein Piepslaut, eine SMS. Das muss der Wetterbericht sein, schon seit drei Tagen habe ich nichts mehr von ihnen gehört.

Vorsicht, Maud, Tropensturm im Anmarsch. Danny bewegt sich auf dich zu.

Voraussichtl. 4–5 Meter hohe Flutwellen, Windstärke 50 Knoten. Viel Glück! Wir denken an Dich!

Wieder und wieder lese ich die Nachricht. Tropensturm ... viel Glück ... Ja, allerdings, Glück kann ich gebrauchen. Windstärke 50 Knoten, das entspricht 100 Stundenkilometern. Ich denke an die Amerikanerin Tory Murden, die immerhin 80 Tage durchgehalten hatte und bei einem solchen Sturm aufgab. Das alles lässt nichts Gutes hoffen. Die Nachricht klingt verlegen. Das gilt auch für die beiden nachfolgenden, die inhaltlich die erste bestätigen. Ich kann spüren, wie meine Freunde in Saint-Pierre vor ihrer Tastatur sitzen und sich kaum trauen, mir die schlechte Botschaft zu übermitteln. Ich sehe vor mir, wie sie unter sich ausmachen, wer von ihnen mir schreiben soll. Die letzte Nachricht trägt keinen Absender ... Später sollte ich erfahren, dass in dem Moment alle an Land überzeugt waren, ich würde noch in derselben Nacht aufgeben. Das Archipel befand sich in Alarmbereitschaft und erkundigte sich stündlich bei den Wetterspezialisten nach mir. Jean-Christophe belagerte Météo-France. Zu Hause saßen sie wie auf Kohlen. Marc suchte eine Webseite nach der anderen nach weiteren Informationen ab. Sie versuchten herauszukriegen, wie lange der Sturm dauern würde. Hoffentlich würde er schnell und möglichst weit an mir vorbeiziehen.

Es ist Ende Juli, seit fünf Wochen bin ich auf dem Meer. Ich habe Angst vor dem, was da auf mich zukommt. Das Wetter verschlechtert sich jetzt rasant schnell. Der Himmel zieht sich zu und wird immer düsterer, man könnte meinen, er verwandle sich in Stein. Zunächst legt sich ein Schleier über die Sonne, bevor sie vollständig erlischt wie eine Kerze ohne Sauerstoff. Eine feindselige Kraft hat das Tageslicht vertrieben. Der Ozean erschaudert. Pilot bebt mehr und mehr, als ruhte er auf einem gerade erwachenden Monster. Gerüstet mit meinem Gurt, der mich fest mit dem Boot verbindet, halte ich mich bereit, um gegebenenfalls in die Kajüte zu flüchten. Sorgenschwer und schweigend beobachte ich die Umgebung. Das Meer färbt sich anthrazit. Meine Hände brennen, aber ich versuche, noch so weit wie möglich voranzukommen. Naiv, wie ich bin, hoffe ich, dem Unheil noch zu entkommen. Dabei weiß ich sehr wohl, dass alles zu schnell geht, der Sturm ist unvermeidlich. Schon dreht der Wind in die andere Richtung. Er peitscht den Steven meines Bootes, so dass ich nicht Kurs halten kann. Ich habe gerade noch Zeit, meine Rettungsweste überzuziehen, dann bricht das Gewitter los, und der Himmel stürzt auf mich nieder.

In diesem Moment taucht in dem strömenden Regen urplötzlich, wie durch ein Wunder, ein etwa zwanzig Meter langer Wal auf. Ich schrecke hoch. Er ist ganz nah bei mir, ich habe ihn nicht kommen hören, war zu sehr mit Rudern beschäftigt. Wenn er auftaucht, ragt er fast genauso weit aus dem Wasser wie Pilot. Majestätisch schwimmt er neben uns her. Ich bin vollkommen überwältigt von dieser magischen Erscheinung, die mich einen Moment lang den herannahenden Sturm und den prasselnden Regen vergessen lässt. Es vergehen lange Minuten, dann aber taucht der Wal ab und begibt sich langsam wieder in die Tiefe.

»Tut mir leid«, scheint er verlegen zu sagen. »Tut mir leid, dass du dich nicht mit mir zusammen da unten verkriechen kannst.«

4–5 Meter hohe Flutwellen, Windstärke 50 Knoten. Ich beschließe, die Ruder in der vorderen Kajüte zu verstauen. In kaum zehn Minuten hat sich mein gesamtes Universum schwarz gefärbt. Der blindwütige Wind pfeift wie toll, das Meer rast, und jede Welle scheint Pilot auseinander brechen zu wollen. Ich flüchte wieder in meine Kajüte und sperre mich ein. Ich weiß, dass ich ausharren muss; etwas anderes kann ich nicht tun, aber ich träume davon, jemanden an meiner Seite zu haben, der mir gut zuredet. Meine Lungen fahnden nach Sauerstoff, an dem es wieder einmal mangelt. Eine der großen Schwierigkeiten angesichts eines derart tobenden Ozeans besteht darin, ruhig und gelassen zu bleiben. Ich weiß nicht mehr, wie ich mich hinsetzen soll, damit es mir nicht den Rücken zerlegt. Eine innere Leidenschaft spornt mich an zu kämpfen, aber am liebsten würde ich dem Ozean meine Verzweiflung entgegenschreien, ihn anflehen aufzuhören. Mein Körper ist überreizt. Diese Kopfschmerzen! Und es hört nicht auf ... Ich klammere mich an meine Träume vom Reisen und Kinderkriegen, an die Vorstellung, dass ich eine Zukunft haben werde, dass mein Leben nicht hier und jetzt zu Ende gehen wird.

Meine Gedanken wandern zu sämtlichen Freuden an Land, die mir fehlen. Ich erinnere mich an das Barfußlaufen auf kühlen Fliesen, an eine duftende Apfeltarte im Ofen, an die Stimmen derer, die ich liebe, an das Joggen im Wald mit den Gerüchen von Blumen und Bäumen, ich träume davon, ein paar Minuten lang nicht den Lärm dieser Flutwellen zu hören, die mich wahnsinnig machen, und nicht diesen permanenten, schmerzhaften Bewegungen ausgesetzt zu sein …

Pilot duckt sich, zitternd bewegt er sich vom höchsten zum tiefsten Punkt der Wellen, und es dröhnt so laut, dass man meinen könnte, er schlingere über Kies. Er wird immer schneller, als wolle er sichergehen, dass der nächste Hügel auch endgültig der letzte ist. Aber weit gefehlt, es kommen immer mehr. Ich hocke da und klammere mich fest.

Jetzt schlägt auch noch mein Radargerät Alarm, das hat mir gerade noch gefehlt. Ein Containerschiff fährt vorüber. So schnell kann ich gar nicht nach meinen Leuchtraketen greifen, wie es auf mich zukommt. Es fährt ganz dicht an mir vorbei, steuerbord erhebt sich plötzlich eine riesige Eisenwand. Ich bin totenblass. Wie gelähmt vor Schreck halte ich mich nicht einmal fest und schlage mir den Kopf an der Kuppel an. Pilot liegt flach auf der Seite. Warum war das Schiff so dicht neben mir? Und noch dazu mit einer solchen Geschwindigkeit, und es fuhr weiter, als wäre nichts gewesen. Wahrscheinlich saß die ganze Mannschaft drinnen und hat nichts gesehen. Ich begreife nicht, warum mein Radar so spät angeschlagen hat.

Die ganze Nacht halte ich in dieser beängstigenden Dunkelheit Ausschau nach Lichtern und schleudere dabei von einer Wand zur anderen. Meine Knie sind wund, weil ich ständig versuche, Halt zu finden. Am ganzen Körper bekomme ich Beulen und blaue Flecken. Ich wage nicht einzuschlafen. Dann endlich, nach fast 36 kraftraubenden Stunden Sturm, geruht der Wind nachzulassen. Das Meer wird wieder flacher, doch ich stehe noch völlig unter Schock. Mir ist, als hätte ich ein Trauma erlitten, das durch nichts zu lindern ist und von dem ich mich nie erholen werde. Ich schaffe es nicht, meine Gedanken zu ordnen. Ich habe nicht einmal mehr die Kraft, zum

Telefon zu greifen und an Land Entwarnung zu geben. Ich bringe keinen Laut heraus, immer noch gelähmt vor Angst.

Nach wie vor herrscht schwerer Seegang. Ein paar Stunden vergehen, die Sonne ist aufgegangen. Der Himmel hat seinen düsteren Schleier abgelegt und einen undurchsichtigen, weißen Schirm vorgezogen. Die Sonne hält sich den ganzen Tag über bedeckt, und der Ozean schimmert weiterhin stählern. Ich werde die Bilder von den Flutwellen nicht los, diese Wände aus Wasser, die auf mich zugerast kamen, hasserfüllt oder gleichgültig, ich weiß es nicht. Ihre verteufelte Schönheit, wenn das Licht einen Moment lang über sie gleitet und sie türkis, klar, vollendet, mit weißen Schaumkronen eingefasst zeigt. Der ohrenbetäubende Lärm, wenn sie brechen und das ganze Meer in eine dunstige, weiß schäumende Fläche verwandeln. Ich muss diesen Alptraum hinter mir lassen.

Ich beschließe, mich kurz an Land zu melden. Die zärtliche Stimme, die ich höre, schnürt mir die Kehle zu. Ich spreche leise und lege schnell wieder auf, um nicht in Tränen auszubrechen. Ihnen von meiner Not zu erzählen, würde alles noch schlimmer machen. Morgen wird es schon wieder besser aussehen. Kraftlos lasse ich mich auf meine Pritsche fallen. Ich muss mich ausruhen. Es ist mir egal, ob ich wieder aufwache, ich will nur noch schlafen, lange schlafen, so lange wie möglich, und vergessen, was war.

Erst am Nachmittag holt mich ein seltsames Geräusch aus dem Schlaf. Es klingt nach einem Radar. Irgendwo heult etwas. Ich sehe auf die Schalttafel und lausche, es scheint nicht vom Boot zu kommen. Was mag das nur sein? Als ich endlich begreife, strecke ich rasch den Kopf aus dem Bullauge. Das Meer hat sich beruhigt, ein Sonnenstrahl zerreißt die wolkige Masse, und dann sehe ich sie: Delfine! Ein knappes Dutzend Delfine tanzt um Pilot herum. Der Ozean funkelt. Große Delfine, Tümmler wahrscheinlich, vergnügen sich damit, unter dem Boot hin und her zu schwimmen. Vermutlich hat die klappernde Ruderpinne sie angelockt, oder vielleicht war es auch wieder einmal das leuchtende Orange von Pilots Rumpf. Ihre weißen Flanken wirken phosphoreszierend, und die Sonne lässt ihre Schnauzen glitzern, wenn sie spaßeshalber an die Oberfläche kommen. Ich wedle mit der Hand im Wasser hin und her, und sie kommen heran und stupsen mich. Es ist elektrisierend, umwerfend. Mein Bauch, mein Herz, mein Kopf laufen mit einem Mal über vor Freude, Unbeschwertheit, Zärtlichkeit. Mein Gesicht entspannt sich. Sie sind so unglaublich kindlich. Sie sehen aus, als würden sie grinsen. Sie ziehen Grimassen, glucksen und stoßen kurze, lustige Schreie aus. Alles in allem scheinen sie ganz einfach glücklich zu sein, dass der Sturm vorbei ist. Sie springen herum und schießen Kapriolen. Ich bin fasziniert, wie wendig sie sind. Erstaunlicherweise stoßen sie nie aneinander. Sie sind geschickt und umsichtig und haben immer ein Auge aufeinander, um sich nicht in die Quere zu kommen, nur manchmal berühren sie sich ganz leicht am Kopf. Sofort sind 36 Sturmstunden vergessen, eine bessere Therapie hätte ich mir nicht wünschen können. Ich fühle mich wie im Märchen, das immer ein gutes Ende nimmt. Fehlt nur noch der Prinz. Ich muss grinsen ...

Nach dem Horror der vergangenen Stunden schenken sie mir auf einem sonnenbeschienenen Tablett Trost, Freude und vor allem das fabelhafte Gefühl, nicht allein zu sein. Ihre Zärtlichkeit rührt mich an. Eine surrealistische Szene, ihnen so nah zu sein. Ich bin glücklich und wahrscheinlich auch ein bisschen stolz, dass ich meiner Angst und meinen Zweifeln nicht aus dem Weg gegangen bin und das hier jetzt erlebe. Eine Zeit lang spielen sie noch rings um mich herum, dann machen sie sich ganz in Ruhe einer nach dem anderen wieder auf den Weg. Platsch, platsch – schon sind sie fort. Delfinen war ich auf meiner Überquerung schon dutzendweise begegnet. Oft sah ich sie in der Nähe des Bootes, wenn ich abends den Sonnenuntergang betrachtete. Manchmal hörte ich sie auch nur in der Ferne, wie sie ihres Weges zogen. Aber nie zuvor hatte ich so viele auf einmal gesehen, so nahe und mir zugewandt.

Meine Ruder erwarten mich, ich atme durch und mache ein paar Lockerungsübungen. Schultern und Rücken schmerzen gehörig. Und trotzdem werfe ich dem Ozean einen verliebten Blick zu, ich nehme es ihm schon nicht mehr übel, dass er mich so hat leiden lassen. Er weiß eben, wie man um Verzeihung bittet.

In diesen letzten Julitagen und den ganzen August über unternehme ich verzweifelte Angelversuche. Bei der Vorstellung, etwas Frisches, Nahrhaftes zu mir zu nehmen, läuft mir jeden Morgen schon beim Aufstehen das Wasser im Mund zusammen. Gefriergetrocknetes kann ich nicht mehr sehen. Mein Anglerfreund Jean-Daniel hat mir verschiedene Angeln gebastelt. Ich befestige eine mit Schleppnetz und künstlichem Köder. Mal sehen, was passiert. Ich rudere und lasse die Schnur keinen Moment aus den Augen; sollte einer anbeißen, darf ich das auf keinen Fall verpassen! Jeden Tag bringe ich eine Angel an, immer wieder mal eine andere, aber nichts, kein Fisch, kein alter Stiefel, keine Alge, nada, niente, nothing, ich bin völlig resigniert. Ich phantasiere von Sushi und einer großen Platte Meeresfrüchte. An Land sagen sie mir, das sei normal, man müsse über 6 Knoten schnell sein, um etwas aus dem Wasser zu holen. Davon bin ich mit meinen 1,5 oder 2 Knoten natürlich weit entfernt. Trotzdem – wie schade!

Vor meiner Abreise habe ich mit Marc gewettet, dass er mir, sollte ich etwas angeln, bei der Ankunft eine Flasche frische Milch mitbringt, für die ich eine Schwäche habe. Jawohl, Milch, aber nicht irgendeine, keine ultrahocherhitzte und pasteurisierte, sondern eine vom Bauernhof, praktisch noch warm. Und wenn das hier so weitergeht, werde ich sie wohl abschreiben müssen!

Heute Nacht fällt immerhin ein Hornfisch in mein Cockpit. Er ist winzig. Ich setze ihn wieder ins Wasser, weil er zu klein ist, als dass man ihn essen könnte. Also keine Milch. Dann hole ich mir eben selbst welche vom Bauernhof, wenn ich wieder zu Hause bin.

An einem anderen Tag begegne ich einer Schildkröte. Ob ich sie für die Wette geltend machen kann? Wer weiß. Ich hole sie ins Cockpit, um sie mir genauer anzusehen. Sie misst etwa 50 cm im Durchmesser und hat einen hübschen, braungrün marmorierten Panzer. In der Luft hängend, streckt sie den Kopf hervor und sieht mich verdutzt an. Ich behalte sie nur kurz an Bord und setze sie dann wieder ins Wasser, auf die Gefahr hin, mich um mein Glas Milch zu bringen. Heute früh ist mir nicht nach Schildkrötenblut zumute. Ich wundere mich, dass sie sich nicht sofort davonmacht. Sie bleibt noch eine Zeit lang bei mir und blickt zum Boot herüber. Ich könnte mich glatt an sie gewöhnen. Unglaublich, wie einem die Einsamkeit zu schaffen machen kann.

Vor Antritt meiner Reise hatte ich über diverse Probleme nachgedacht, aber nicht über dieses. Dass ich eine Einzelgängerin bin, wusste ich. Dass Einsamkeit einer der Hauptgründe für meine Krisen sein würde, war mir nicht in den Sinn gekommen. Man stellt sich Einsamkeit oft als etwas Ruhiges vor. Man sieht sich auf einer Wiese sitzen, mit einem guten Buch in der Hand. Stille, Heiterkeit, Vogelgezwitscher. Aber Einsamkeit ist nicht so, sie ist hart, bitter, heimtückisch. Sie ist laut, grausam, stumpfsinnig. Sie ist schmerzlich. Wenn der Ozean sich in eine Sturmlandschaft verwandelt und man sich belanglos und verloren vorkommt, nichts mehr unter Kontrolle hat, dann steht man einsam vor der Angst und vor dem Tod. Absolute Einsamkeit. Mir wird klar, wie sehr ich andere brauche, ihre Präsenz, ihre Blicke, ihr Lächeln, wohlmeinende und auch weniger wohlmeinende Worte, darauf kommt es in so einem Augenblick gar nicht an. Man braucht einfach jemanden an seiner

Seite. Wir sind Gemeinschaftswesen, heute begreife ich, was das wirklich heißt. Ich glaube, dass wir aus anderen Menschen Lebenskraft schöpfen. Und doch wollte ich dieses Abenteuer allein durchstehen.

Um die Einsamkeit zu besiegen, erfinde ich Geschichten: Meine Familie ist immer bei mir. Ich muss nur die Augen schließen, und schon sehe ich meinen kleinen Bruder Roch vor mir, der während der Übungsrunden in der Bretagne auf der Kuppel saß. Klatschend gab er mir immer den Rhythmus vor. Aber natürlich ist das nur ein Traum, ein Gedanke, den ich aus meinem normalen Alltag herüberhole, er ist vergänglich, und sofort muss ich meine tränennassen Augen wieder öffnen und weitermachen. An die Ruder und nicht den Mut verlieren. Die Strecke, die vor mir liegt, ist noch lang, mein Gott, wie lang diese Überquerung dauert!

6

31. Längengrad – Flaschenpost – Ende August

Ich komme immer näher, Ruderschlag für Ruderschlag. Ja, kein Zweifel, bald habe ich die Hälfte der Strecke hinter mir. Ich kann es kaum glauben. Wir haben den 3. August, seit einer Woche sagt man mir, ich hätte es geschafft. Aber so oft ich meine Position auf der Karte auch bestimme, komme ich zu dem Schluss, dass ich den berühmten 31. Längengrad eben noch nicht erreicht habe. Und daran ist wieder einmal dieses kapriziöse Wetter schuld. Seit acht Tagen spielt der Wind verrückt. Ich bewege mich ohnehin nicht sehr schnell vorwärts, und dann kommt er und bugsiert mich ständig wieder zurück. Als wäre ich bei einem Marathonlauf, völlig außer Atem, und die Ziellinie würde sich die ganze Zeit weiter nach hinten verschieben. Mit stummem Groll strenge ich mich noch mehr an, um ja nicht aufzugeben. Verbissen kämpfe ich gegen die Wellen und versuche, Kurs Richtung Osten zu halten. Und vor allem versuche ich, nicht daran zu denken, dass ich bis zum Ziel noch einmal die gleiche Strecke vor mir habe, genauso viele Ruderschläge und wer weiß wie viele Stürme noch.

»Erst einmal über diese imaginäre Linie, und dann sehen wir weiter.« Unaufhörlich spreche ich mir diesen Satz vor. Ich denke an Sisyphus, an seinen riesigen Berg und den schweren Stein. Jedem seinen Berg, jedem sein Päckchen. Heute ist Pilot derjenige, der schwer wiegt, dem Gefühl nach mehrere Tonnen.

Dass die Winde am Nachmittag stark zugenommen haben, macht es auch nicht besser. Die Wellen sind drei bis vier Meter hoch, ich kann unmöglich draußen bleiben. Die Wogen rauschen durchs

Cockpit, Pilot wird von oben bis unten gewaschen. Ich flüchte in meine Kajüte; alles ist feucht, bald wird es dunkel, der Himmel hängt voller schwarzer Wolken. Wieder zieht es mir den Magen zusammen, so allein fühle ich mich. Die Fluten peitschen gegen den Rumpf, irgendwann tropft mir Kondenswasser aufs Haar. Mich fröstelt, meine Füße sind eiskalt, ich reibe sie aneinander. Mit der Daunendecke über dem Kopf kauere ich mich zusammen, stoße aber rechts und links immer wieder an die Wände. Diese Pritsche taugt definitiv nicht für die Unwetter, die ich über mich ergehen lassen muss. Auch die mitgebrachten Schaumstoffpolster helfen nicht viel. Ich ziehe die Knie an, aber meine Wunden schmerzen, und da die Durchblutung auch nicht recht funktioniert, sind meine Zerrungen eher schlimmer geworden. Mein Gott, tun mir die Beine weh, ich weiß nicht mehr, wie ich mich hinsetzen soll, um nicht mehr solche Schmerzen zu haben. Ich würde etwas darum geben, schlafen zu können. Die Verschalungen am Boden bohren sich mir in die Rippen. Mir ist, als würde ich auf Kieselsteinen hin und her gezerrt. Tränen der Erschöpfung steigen in mir hoch. Immer wieder muss ich daran denken, was für eine grässliche und perfekte Folter es ist, Gemarterte am Schlaf zu hindern. Es gibt nichts Schlimmeres, die Erschöpfung macht einen irre. Nur für eine einzige Nacht Schlaf gibt man auf. Pilot ist ständig in Bewegung. Der Lärm hallt in meinem Schädel wider, ein marternder Krach. Es ist elf Uhr abends. Ich konzentriere mich auf ein paar Atemübungen, um etwas zu entkrampfen, und langsam weicht die Spannung. Ich versuche völlig zu vergessen, in welcher Situation ich mich befinde. Wieder stelle ich mir vor, ich wäre woanders, an einem Sandstrand in der Sonne, ja, irgendwo, wo es warm ist und ich mich endlich ausruhen kann. Ich denke nicht mehr an diesen riesigen Ozean, an den Sturm, an die Geräusche, die mich zittern lassen wie ein Kind. Ich bin nicht mehr da, es ist alles nur ein Alptraum.

Nach kurzem, viel zu kurzem Schlaf heult mein Radargerät auf; ich schrecke hoch. Schnell krieche ich aus meiner Ecke hervor, in der ich mich zumindest ein bisschen aufwärmen konnte, und knipse das Licht an. Es hat zu regnen begonnen, das muss der Durchzug der Tieffront sein. Der grelle Alarm macht mich halb taub. Jetzt ist es ein anhaltender Ton, das Containerschiff kann nicht weit sein. Ich schaue durch die Kuppel, sehe aber keinerlei Positionslichter am Horizont. Das Meer schlägt zu hohe Wellen, die ich nur höre, aber nicht kommen sehe. Ich muss unbedingt nach draußen und versuche, wieder Mut zu fassen. Mühsam lege ich Gurtzeug, Rettungsweste und Segeljacke an. Ich erledige das nur ungern drinnen – es ist so eng, dass ich mich meistens mehrmals irgendwo anstoße –, aber es regnet, ich habe keine Wahl. Als ich gerüstet bin, lausche ich noch ein paar Minuten den dröhnenden Wellen. Ich wäge das Risiko ab hinauszugehen, das nachts und vor allem bei Wellengang immer größer ist. Raus jetzt, scheint mir mein Activ Echoradar zu sagen. Aufpassen ist jetzt das A und O, nicht im falschen Moment hinausgehen. Und die goldene Regel nicht vergessen, Maud: eine Hand frei, eine Hand fürs Boot. Ich öffne die Luke, packe meine Leine, um mich am Cockpit festzubinden, und krieche sofort raus. Es schüttelt mich ordentlich durch, schnell greife ich nach den beiden großen Griffen backbord und steuerbord. Ich blicke mich um, und da sehe ich ihn aus den Wellen aufragen, riesengroß, fast erdrückend. Ich sehe das weiße Licht an Heck und Bug und das rote Licht auf der Backbordseite. Er kreuzt meine Route. Von Zeit zu Zeit verschwindet er, ich habe immer Angst, ihn ganz nah wieder auftauchen zu sehen. Er kommt näher, aber zum Glück bin ich nicht so schnell wie er, so dass er an mir vorbei sein wird, bevor ich auf seiner Höhe bin. Und wenn er den Kurs ändert? Und wenn mich der Wind auf ihn zutreibt? Wenn er wenigstens wüsste, dass ich hier irgendwo bin, aber leider ist es unmöglich, alle Handelsschiffe zu benachrichtigen, und außerdem bin ich so klein, dass sie mich, selbst wenn sie suchten, nicht finden würden. Jetzt ist er vorbei, mit jeder Sekunde weiter weg, ich atme auf.

Erst jetzt merke ich, dass ich nass geschwitzt bin. Dabei hatte ich vorher schon gefroren. Dieses Mal werde ich mich nicht so leicht wieder aufwärmen können. Dennoch bin ich erleichtert. Schnell hinein und ausziehen. Trotz aller Vorsichtsmaßnahmen verteile ich das Wasser überall. Ich lege meine Jacke in eine Ecke, damit sie etwas abtropft, und verkrieche mich wieder in mein klammes Federbett.

In manchen Nächten wiederholt sich so etwas drei- oder viermal. Manchmal gehe ich erst gar nicht raus, weil ich einfach zu müde bin. Trotz des Risikos, trotz der Angst zu sterben bin ich manchmal so fertig, dass ich mich um nichts mehr schere und nur noch schlafen will, ein paar Stunden schlafen. Zum Glück sind diese trübsinnigen Gedanken nicht von Dauer, und ich verspüre immer wieder eine unglaubliche Lebens-, ja Überlebenskraft. Immer wieder sage ich mir, dass es nur eine Frage der Zeit ist, bis ich es überstanden habe.

Die Tage vergehen. Heute sind meine Gedanken bei denen, die unbeschwert in Urlaub fahren. Das Wetter hat sich gebessert, und das ist Balsam für meine Seele. Die Sonne kommt ein wenig hervor, etliche blassblaue Wölkchen reihen sich in feinen Ziseluren quer über den Himmel, so dass er aussieht wie eine gesprungene alte Tasse. Das Meer ist ruhiger. Gerade habe ich mein GPS eingeschaltet und festgestellt, dass es vor ein paar Sekunden tatsächlich so weit war: Ich bin drüber. Der Sprung über die Mauer ist geschafft, was sage ich: Der Berg ist erklommen. Mein kleiner Pilot und ich sind auf halber Strecke!

Unterschiedliche Gefühle kommen in mir hoch. Ich denke an meine erste Woche auf See, an die schmerzlichen Momente, in denen ich vor Kälte zitternd, mit Blasenkratern in den Handflächen, mühsam versucht habe, mich von dem Streifen am Horizont zu entfernen. Die Atlantikmitte war so weit weg, dass sie mir unerreichbar erschien. Ich hing im Nebel, und nichts deutete darauf hin, dass ich ihn eines Tages hinter mir lassen würde. Aber auch da vergingen die Stunden und Tage, langsam, beinahe sogar immer langsamer, die Blasen verwandelten sich allmählich in Hornhaut. Beharrlich habe ich nacheinander die Wochen auf meinem Wandkalender ausgestrichen und herausfordernd auf den September geblickt, der mich unerbittlich verhöhnte. Diese langen Tage haben meinen Körper abgehärtet und Ruderschlag um Ruderschlag meinen Durchhaltewillen gestärkt.

An diesem 5. August in der Früh beim Aufwachen wird mir erst richtig bewusst, dass ich ganz allein Tausende von Kilometern von meinem Startpunkt und Dutzende und Aberdutzende Rudertage von meiner Ankunft entfernt bin. Was für eine Wonne, die heiß ersehnte Mitte endlich erreicht zu haben. Allerdings sollte ich besser nicht irgendetwas dringend brauchen müssen, und ich drücke die Daumen, dass ich gesund bleibe. Bis ein Schiff seinen Kurs geändert hat, mich einsammelt und wir Land erreichen, kann über eine Woche vergehen. Im Falle einer Blinddarmentzündung sollte ich mir vermutlich nicht so viel Zeit lassen. Paradoxerweise kann man bei Ozeanüberquerungen dieser Art eigentlich nur dann aufgeben, wenn alles in bester Ordnung ist. Vier oder fünf Tage zu warten, wäre bei ernsthaften Problemen ein bisschen lang ... Und bei hohem Wellengang könnte es ohnehin nicht so nahe an mein Boot heranfahren, ohne mich zu rammen.

An diesen Blinddarm, den ich mir nicht habe herausnehmen lassen, denke ich oft. Natürlich können auch etliche andere Probleme auftauchen, technische Defekte, ausgehende Nahrung, ein Leck ... Für diese Fälle würde ich mir aber sowieso keine großen Chancen einräumen. Beim Blinddarm aber hatte ich die Wahl: Vor der Abreise dachte ich über eine vorsorgliche Operation nach, beschloss aber letztlich, mit ihm an Bord zu gehen. Dr. Chauve, der mir bei der Zusammenstellung meiner medizinischen Ausrüstung geholfen hat, bestärkte mich darin und erklärte, die postoperativen Komplikationen seien oft ein größeres Problem als die Entzündung selbst. Ich hätte schließlich auch gar keine Zeit mehr gehabt. Ich muss allerdings zugeben, dass ich es jetzt manchmal bedauere, aber ich schiebe diese vorübergehende Angst beiseite und gebe mich ganz der herrlichen und aufregenden Freude darüber hin, hier zu sein.

Wie geplant, hole ich die eigens mitgebrachte Glasflasche hervor, schreibe eine kurze Nachricht und füge das Zitat von Joseph Conrad hinzu, das ich auch diesem Buch vorangestellt habe: *Dem Traum folgen und nochmals dem Traum folgen und so ewig* – usque ad finem ... Vorsichtig setze ich die Flasche aufs Wasser und sehe zu, wie sie davontreibt. Sie nimmt nicht nur ein Stück Papier mit sich. Sie steht für diesen 5. August 2003, für einen Traum, der gerade wahr wird, für diesen schönen Sonnentag und auch für meine 25 Jahre, für meine wilde Entschlossenheit, es zu schaffen und, wenn nötig, Berge zu versetzen. Ich frage mich, ob je irgendjemand diese Nachricht lesen wird. Es ist eigenartig, diese Geste gibt mir wirklich das Gefühl, die Zeit anzuhalten. Es ist besser als ein Foto, es mischen sich Gerüche, Farben, Spuren, ja sogar Schweiß hinein. Ich wünsche ihr, dass sie möglichst spät und möglichst weit weg entdeckt wird. Schließlich ist es der ultimative Zweck einer Flaschenpost, der verstreichenden Zeit zu trotzen und erst nach starker Abnutzung durch die Fluten entdeckt zu werden. Die Nachricht in ihrem Innern wird vergilbt sein von der Sonne, verwaschen von der Feuchtigkeit und nur zur Hälfte leserlich, aber sie lässt möglicherweise diesen wunderbaren Tag irgendwann nochmals lebendig werden.

Ich erwache aus meinen Träumereien und schaue mich um. Hierher soll ich mich also mit meinen eigenen Armen befördert haben ... Ich kann es kaum glauben!

Ich stehe im Cockpit und halte den Atem an, als wollte ich diesen wunderbaren Moment durch nichts stören oder verderben. Das Meer glitzert wie eine Silberdecke, die ein leichter Wind kräuselt. Die Sonne zeigt sich und wärmt meine Schultern, alles ist blau, als gäbe es nur noch diese Farbe auf der Welt. Horizont und Himmel gehen fast ineinander über. Unter meinen Füßen wiegt Pilot sich in sanftem Rhythmus. Diese Größe. Ich mache keinen Mucks. Oft werde ich am Telefon gefragt, ob ich singe oder schreie. Hier ist so viel Raum um einen, dass manch einer versucht wäre zu schreien, einmal, ein einziges Mal, einen Schrei aus tiefster Seele herauszulassen – um sich zu befreien, um zu fühlen, dass man existiert, sicher auch, um sich über ein Verbot hinwegzusetzen. Ich habe dieses Bedürfnis gar nicht. Ich verhalte mich lieber ruhig und unauffällig, möchte so nahe wie möglich an der Natur sein und am liebsten noch näher an sie heran. Auch wenn ich Selbstgespräche führe oder mein Boot anfeuere, tue ich es flüsternd, ganz leise, um diese faszinierende Natur ja nicht zu stören und dem Moment nicht seinen Zauber zu nehmen. Ich will mich nicht aufdrängen, komischerweise bleibe ich ein bisschen abergläubisch. Noch ist nichts gewonnen, lieber halte ich mich zurück. Das Meer kennt kein Pardon. Mir ist, als würde ich auf Zehenspitzen auf dem Rücken eines schlafenden Ungeheuers spazieren. Ich weiß, dass es unweigerlich erwachen wird, aber je später, desto besser. Also koste ich diesen Moment genüsslich aus und lasse mich von der umwerfenden Gelassenheit der Elemente durchdringen wie vom Duft eines betörenden Parfums, das man nicht vergessen will. Die Belohnung ist herrlich. Ich vergesse darüber meine Hände, die Furunkel, die auf meiner vom Salz angegriffenen Haut sprießen, meine wunden Stellen. Die Schrecken der vorangegangenen Nächte sind aus meinem Kopf gewichen. Ich blähe die Lungen auf, bis ich nicht mehr weiß, wohin mit der guten Luft; der Sauerstoff bringt mir Entspannung, ich setze mich auf mein kleines Vorderdeck und fühle mich rundherum wohl. Mein Panzer, der fast unverzichtbar ist in unserer modernen Welt, ist mit jeder Woche dünner geworden. Inzwischen glaube ich, er ist fast weg. Natürlich vollbringe ich eine körperliche Leistung, für mich aber ist es vor allem eine Reise. Es ist wirkliche Freiheit, die Freiheit, über sich hinauszugehen, dafür zu kämpfen, dass man ausleben kann, was in einem steckt, und endlich dieses großartige Gefühl der Erfüllung zu haben. Sollte ich es schaffen, werde ich nie behaupten, ich hätte den Ozean bezwungen. Das kann man nicht, man unterwirft sich ihm, und er entscheidet, ob er einen durchlässt – oder eben nicht. Ich glaube, dass man sich auch nur auf diese Weise weiterentwickelt, indem man Schwierigkeiten meistert, dem Schicksal die Stirn bietet, sich selbst überwindet ... Und nur solch extreme Vorhaben vermitteln einem so intensive Gefühle, die von so weit herkommen, dass sie einen von Kopf bis Fuß elektrisieren.

Diesen Moment absoluter Glückseligkeit im beginnenden Monat August habe ich in der Tat voll und ganz ausgekostet. Nie zuvor hatte ich etwas Vergleichbares empfunden. Sämtliche Schwierigkeiten der zurückliegenden Tage steigerten die Freude nur noch. Nie zuvor hatte mein Lebensferment derart gebrodelt. Angesichts dieses riesigen Universums drehte sich mir der Kopf.

Allzu lange hielt es natürlich nicht vor. Pilot ist winzig wie eh und je, und die verbleibende Strecke unvorstellbar lang. Die Angst im Bauch löst sich zwangsläufig nicht einfach in Luft auf, sie war nur kurz gemildert und hat mir eine kleine Pause gegönnt, in der ich Kraft schöpfen konnte. Ich habe mich damit vollgesogen, aber wir sind noch nicht am Ende, es geht weiter ... Ich setze mich wieder an die Ruder.

Die Wetterverhältnisse haben sich gebessert. Das muss ich ausnutzen, um voranzukommen. Während ich auf meinem Sitz vor- und zurückgleite, denke ich wieder an diesen magischen Augenblick. Ja, er ist schon vorbei. Ich frage mich, warum der Ozean mich eigentlich bei sich behält. Warum hat er mich nicht gezwungen, unverrichteter Dinge wieder an Land zu gehen, wie viele es vorhergesagt hatten? Dabei war er unbestritten von Anfang an der Chef. Er hat über alles entschieden, ich durfte den Kopf einziehen, seine Launen ertragen, seine monströsen Zornesausbrüche über mich ergehen lassen und mir sagen, dass er schließlich nicht ewig wüten könne. Übel genommen habe ich es ihm nie, ich habe mir vorgestellt, er sei krank, von unkontrollierbaren Krämpfen oder Migräneanfällen geschüttelt. Heute hat er mir ein Geschenk von unschätzbarem Wert gemacht. Und ich habe nur den einen Wunsch: dass ich diese Schatztruhe stets bei mir habe und sie von Zeit zu Zeit einmal öffnen kann, um den Inhalt mit anderen zu teilen. Wenn man bedenkt, dass alles mit einem schlichten Traum begann ... Aber wie sagte einst Walt Disney: »Damit ein Vorhaben Wirklichkeit wird, muss man zunächst davon geträumt haben.«

Wieder vergehen die Tage, einer nach dem anderen, endlos, immer dieselbe Leier, wie die Stürme auch. Der August geht vorbei. An einem Montagmorgen bin ich zum letzten Mal live mit Laurent Cabrol verbunden. Der Sommer neigt sich dem Ende zu, langsam nähere ich mich Europa. »Nur noch ein Viertel der Strecke«, flüstert man mir ständig zu. »Du bist fast da. Kopf hoch.«

Über das Internet geht eine Flut von aufmunternden Nachrichten ein. Mama liest sie und berichtet mir davon, wenn ich anrufe. Zu wissen, dass es Menschen gibt, die Tag für Tag mein Weiterkommen verfolgen, ist fabelhaft. Auch ihretwegen rudere ich. Ja, ich habe diesen Wunsch in mir, nicht zu enttäuschen und ein Beispiel zu geben. Wenn es mir doch gelingen könnte, dieses wahnwitzige Unterfangen zu einem guten Ende zu führen ... Ich hoffe, es wird all jenen Mut machen, die sich nicht trauen, ihr Glück zu versuchen, die Angst haben, es nicht zu schaffen. Manche Menschen schreiben mir wirklich erschütternde Briefe. Sehr einsame Menschen, Menschen in Not, für die das Leben keinen Anreiz mehr bietet. Wenn ich anderen das, was ich hier jeden Tag entdecke und empfinde, mitteilen könnte, wäre meine Ozeanüberquerung nicht umsonst. Wir alle haben ungeahnte Kräfte in uns, denen wir nur auf die Spur kommen müssen. Allein schon deshalb beiße ich die Zähne zusammen.

In letzter Zeit naht die Küste immer schneller. Ich habe einen guten Rhythmus, und bislang ist noch nichts kaputt gegangen. Bis zu meinem Geburtstag und der Geburt von Yanns Tochter Anfang September müsste ich da sein. An Land werden schon Pläne für meine Ankunft geschmiedet, nur nach der Uhrzeit hat man mich noch nicht gefragt! Auch ich werde langsam sehr ungeduldig. Die Erlösung rückt näher. Noch zehn Tage, dann ist es vorbei. Zwar wird der Wind stärker, aber meine Freunde vom Wetterdienst prophezeien, dass es nicht allzu schlimm wird: maximal 20–25 Knoten, schlechtes Wetter, aber nichts, was mich erschüttern dürfte, nach allem, was ich erlebt habe ...

Es sollte allerdings ganz anders kommen.

Dritter Teil

Gegenwind

7

36 Stunden Sturm – Planktonwolken – Tracy Chapman

Das Wasser kommt von allen Seiten, es läuft durch die ganze Kajüte und mir ins Gesicht. Von meinem Federbett über mein Fleece bis hin zu Telefon und GPS ist alles voller Salz, selbst mein Körper. Es klebt, pappt und muffelt ... Man kriegt keine Luft mehr.

Schon wieder bin ich gefangen in meinem kleinen Unterschlupf und schütze mich vor dem Ozean, der draußen wütet. Es ist entsetzlich und wird von Stunde zu Stunde schlimmer. So etwas habe ich noch nie erlebt, das Meer steigt turmhoch, der Wind bläst immer stärker, die Böen kommen jetzt mit 50 Knoten. Die Flaggen, die am kleinen Mast festgezurrt sind, knallen ununterbrochen und scheinen jeden Moment zu reißen. Das Meer bewegt sich ruckartig, abgehackt, der Sturm ist zu schnell gekommen, es herrscht ein sagenhaftes, unvorstellbares Getöse.

Die gigantischen Wellen sind bis zu zehn Meter hoch und brechen sich mit solch einer Wucht, dass ich sie durch die Kuppel kaum anzusehen wage. Sie sind noch breiter als hoch, regelrechte Hochhäuser rasen da auf mein kleines Boot zu. Sie nahen so laut tosend von hinten, dass einem die Haare zu Berge stehen. Ich bin starr vor Angst und zittere am ganzen Körper, bringe die Zähne nicht mehr auseinander, von Angst geschüttelt, am Rande der Panik.

Erst jetzt wird mir die Bedeutung der Wendung »vor Angst sterben« richtig klar. In einer Art Wahnsinnsanfall kralle ich mich in meine Arme und mein Gesicht, ohne es eigentlich zu merken. Mein Körper gehorcht mir nicht mehr, mein Verstand ist lahm gelegt. Es ist der schlimmste Moment in meinem Leben.

Die Flutwellen überschwemmen mein Boot, immer wieder kentert es. Manchmal habe ich keine Sekunde Ruhe. Drinnen ist alles hinüber, Deckenlampe und Neonröhre liegen in Scherben. Eine Kiste ist aufgesprungen, der Inhalt liegt verstreut umher. Um mich herum herrscht unbeschreibliches Chaos. Krampfhaft halte ich mich fest. Gerade ist mein Knie gegen die Bettkante geprallt, ich kann mein Bein nicht mehr bewegen. Ich bekomme keine Luft mehr, ich huste, spucke, bin völlig erschöpft und ausgetrocknet. Seit 36 Stunden habe ich nichts mehr gegessen oder getrunken und kein Auge zugetan. Ein Handgelenk ist verstaucht, mit der Hand kann ich mich nicht mehr festhalten, zwei oder drei Rippen sind bestimmt angebrochen. Das ist mein Tod, und ich weigere mich. Ich bin fünfundzwanzig, ich will Kinder haben. Ich bin nicht hierhergekommen, um zu sterben, nein, bitte lasst mich am Leben. Ich flehe euch an, ich will wieder Licht sehen. Eine unbezwingbare Angst macht sich in mir breit, ich bin von oben bis unten grün und blau, ich habe nicht einmal mehr die Kraft, mein Bullauge zu öffnen, um Luft hereinzulassen. Der Ozean draußen ist in Aufruhr, auch der Wind heult seinen Zorn heraus, die pechschwarzen Wolken sind so dicht und mächtig, dass ich nicht mehr weiß, ob Tag oder Nacht ist. Ich halte mich fest, so gut es geht, und rufe an Land an, um etwas über das Wetter zu erfahren. Mit einer Stimme, die aus dem Jenseits zu kommen scheint, antwortet man mir, dass es noch 24 Stunden so weitergehen werde, das Tief tobe sich direkt über mir aus. Ich könne nichts machen, und sie könnten es auch nicht. Es bleibe nur abzuwarten, in den nächsten 24, endlos langen Stunden werde der Sturm nicht nachlassen. Ich will nicht glauben, was ich da höre. Ich klammere mich an mein Telefon und rase vor Wut:

»Das kann nicht sein, ich sage euch doch, die Lage ist unerträglich. Pilot zerbirst in tausend Teile, er kann der Wucht der Wellen und diesem Wind nicht mehr lange standhalten.«

In dem Moment wird das Boot erneut von einer riesigen Welle erfasst, und die Verbindung ist unterbrochen. Mein Boot biegt und windet sich und ächzt auf ganzer Länge, ich zittere wie Espenlaub, die Flutwelle hat alles mitgerissen, mein Sitz ist regelrecht entwurzelt worden, von ihm ist nichts mehr zu sehen. Als Nächstes erwischt es sicherlich die Kuppel. Nach jedem kurzen Telefonat verstaue ich den Apparat rasch wieder, so dass er vor Stößen und einströmendem Wasser geschützt ist. Ich verlagere so viel Gewicht wie möglich in den hinteren Teil des Bootes, damit es nicht sinkt. Mit atemberaubender Geschwindigkeit stürzt es fast senkrecht in die Wellentäler, ich sehe das Loch, den Abgrund unter uns und bin sicher, dass es sich von einem Aufprall auf diese harte Masse nicht erholen wird.

Im nächsten Moment ertönt ein irrsinniger Donnerschlag. Ich sehe mich schon ertrinken und das Boot binnen weniger Minuten unter Wasser stehen. Bei jeder neuen Welle befürchte ich, dass es nicht mehr an die Oberfläche kommt. Es ist dunkel, das Wasser ist eiskalt, ich habe einen Geschmack nach Tod im Mund und meine Bilder nicht mehr unter Kontrolle, Alpträume stürmen auf mich ein: Wird es eine Minute dauern, bis meine Lungen voller Wasser sind, oder zwei? Ich wünschte, ich hätte Alkohol an Bord, um zu vergessen und um mich zu beruhigen, um den nahenden Tod nicht so klar vor Augen zu haben. Ich denke an die, die ich liebe, an die tausend Zukunftsprojekte, an die Kinder, von denen ich ständig rede. Ich frage mich, wie ich mich je über die kleinen Alltagssorgen beschweren konnte, wie ich, wie jedermann, darüber jammern konnte, früh aufstehen zu müssen. Wie konnte ich vor Sponsoren so schüchtern und zaghaft auftreten? Ich denke an all die Dinge, die mir bei der Vorbereitung meiner Überquerung so schwierig erschienen und mir heute so belanglos vorkommen. Ich bete zu allen Göttern. Ich gelobe, die freundlichste und geduldigste aller Frauen zu sein, sollte ich das Tageslicht und das Meer je wieder so sehen dürfen, wie es vor nicht einmal 48 Stunden noch der Fall war. Wenn ich das hier überstehe, wird nichts mehr sein wie zuvor. Ich rede mit mir selbst, um mich zu beruhigen. Und wie immer in diesen unerträglichen Momenten stelle ich mir vor, es wäre jemand bei mir. Ich fühle mich allein, allein im Angesicht des Todes. Dabei sitzen ein paar Tausend Kilometer von hier meine Familie, meine Freunde, Hunderte Internetsurfer und bangen zeitgleich mit mir. Mama zu Hause ist ein Zombi, niemand sagt einen Ton. Sie kennen das Meer, sie wissen, dass man nichts tun kann. Man kann mir keine Hilfe schicken, kein Schiff käme in einem solchen Sturm bis zu mir. Man kann nur abwarten. Sie schlafen stundenweise, reihum, und wachen am Telefon. Unsere Gespräche sind sehr kurz, nur eine Sekunde lang, in der ich sage, wie oft ich gekentert bin, einmal, noch einmal. Nägel werden gekaut, Daumen gedrückt, Kerzen angezündet, man lässt nichts unversucht …

Diese Nacht vom 27. auf den 28. August war ein echter Alptraum: 17 Kenterungen, Schäden jeder Art und vor allem eine traumatische Erfahrung. Noch lange nach diesem Sturm und sogar bis heute wache ich nachts manchmal weinend auf. Gérard d'Aboville vergleicht das Kentern mit einem Autounfall, mit dem Unterschied, dass es im Auto nur ein paar Sekunden dauert, während ein Sturm über Stunden geht: ein Unfall, der immer wieder von vorn losgeht und einen regelrecht brandmarkt. Diese Horrorvisionen werde ich nie vergessen, und vermutlich werden sie mich noch lange verfolgen.

Drinnen steht alles Kopf, ich erkenne nichts wieder. Das Einzige, was noch an seinem Platz ist, ist die knallrote Clownsnase, die Marc mir vor der Abfahrt dagelassen hat. Ich schaue sie immer wieder an, sie birgt für mich die Hoffnung, eines Tages wieder Land zu sehen und lächeln zu können. Ich bin erschöpft von diesem Kampf ums Überleben, von dieser enormen physischen und psychischen Anspannung. In diesen 36 Höllenstunden versuche ich permanent mit den Füßen mitzusteuern und verhindere so manchen Dreher, indem ich Pilot dabei unterstützte, mit der Welle zu gehen. Oft sehe ich auf die Uhr, die Zeit will und will nicht vergehen. Doch endlich ist es geschafft.

Gegen Mittag des dritten Tages ist das Tief vorübergezogen, und das Meer beruhigt sich allmählich wieder. Die Wellen ringsum sind noch neun, dann acht und sieben Meter hoch ... Der Himmel wechselt von Schwarz zu Dunkelgrau, das ermattete Monster zieht langsam von dannen. Aber natürlich dauert es seine Zeit. Noch den ganzen Tag, die darauf folgende Nacht und den nächsten Tag bleibe ich drinnen eingesperrt. Ich muss warten, bis wieder Ruhe einkehrt. Nach und nach beruhige ich mich und versuche, meinen Käfig wieder herzurichten. Ich schöpfe das Meerwasser heraus und versuche, ein paar Dinge mit Süßwasser abzuspülen. Dann verarzte ich mein Handgelenk mit Salbe und Verband und mache mir etwas zu essen. Diese gefriergetrocknete Nachsturmmahlzeit ist eine der vorzüglichsten meines Lebens. Ein wahres Glück! Wenn es etwas gibt, das man aus einem solchen Moment mitnehmen kann, so ist es das Bewusstsein dafür, wie zerbrechlich unser Dasein ist. Dieses neue Leben, das mir heute geschenkt wurde, ist von unschätzbarem Wert. Ich werde es hegen und pflegen. Wir sollten ein bisschen mehr in uns hineinhören und zupacken, sobald das Ziel unserer Wünsche in greifbare Nähe rückt.

Während dieser langen Stunden, des tagelangen Ausharrens denke ich viel an meine Kindheit auf dem Meer. Mit dem Grauen des gerade Erlebten hatte das allerdings nichts zu tun. Damals schien die Sonne, es war warm, meine beiden Brüder und ich badeten in größter Unbekümmertheit. Wir waren frei und glücklich. Verkörpert wurde dieses Glück ganz ohne Zweifel durch das Meer, während es mich heute in Angst und Schrecken versetzt und mir Todesnähe vermittelt. Die Liebe für den Ozean aber trage ich für immer in mir, er zieht mich magisch an. Und ich versuche seine Ausbrüche zu begreifen. Ich rede mir ein, dass es nicht seine Schuld ist, dass er Druckschwankungen unterliegt. Zu keinem Zeitpunkt hatte ich das Gefühl, dass wir uns eine Schlacht liefern würden. Ich steckte ein, hielt durch, klammerte mich an die Hoffnung, das Ganze heil zu überstehen, und flehte ihn an, mir eine Chance zu geben. Ich bin sicher, dass er alles tat, um mich zu schonen. Und doch hat er mir Angst eingejagt, so sehr, dass ich mich jetzt, da die Wellen an Höhe verlieren, noch immer nicht hinaustraue. Ich wage es gerade, aus der Kuppel zu schauen. Ich fürchte, dass es wieder von vorn beginnt, dass der Wetterdienst sich erneut irrt. Aber ich muss hinaus, ich muss meine Angst überwinden, es führt kein Weg daran vorbei.

Ich weiß noch, wie ich reiten lernte und vom Pferd fiel, was mir oft passierte. Mein Lehrer zwang mich immer wieder in den Sattel, bevor ich noch ganz bei Sinnen war. Hier ist es ganz ähnlich, ich weiß genau, dass ich jetzt kämpfen und an etwas anderes denken muss. Mein Bullauge ist einen Spaltbreit geöffnet. Ich drücke es weiter auf. Noch nie ist es mir so schwer vorgekommen.

Der Tag geht zu Ende. Mit Mühe und stechenden Schmerzen im Knie krieche ich heraus. Da hocke ich wieder in meinem Cockpit: Jetzt, wo der Sitz verschwunden ist, habe ich viel mehr Platz. Langsam richte ich mich auf, mir ist schwindlig. Mein Rücken ist komplett verspannt, und schön anzusehen bin ich auch nicht, sicher habe ich bei dieser Kraftprobe ein paar Kilo verloren. Lange stehen kann ich auch nicht, ich habe keinen festen Halt auf den Beinen. Ich setze mich und lehne mich an das vordere Fenster. Die Wellen sind noch rund anderteinhalb Meter hoch, wie Wachhunde, die Pilot ständig anbellen und anknurren. Immer wieder schrecke ich hoch. Mir ist, als würden sie bald wieder zubeißen. Ich habe das Gefühl, um zehn Jahre gealtert zu sein.

Es wird Nacht, der Himmel ist klar, ich sehe die Sterne nacheinander aufziehen. Auch der Vollmond zeigt sich. Ich dachte nicht, dass ich sie je wiedersehen würde. Plötzlich verwandelt sich das Meer in einen Fluß aus Diamanten. Phosphoreszierende Planktondecken glitzern im Mondlicht. Dieses zauberhafte Schauspiel des Atlantiks haut mich um, mir wird ganz warm ums Herz.

Ich habe es geschafft, bin mit heiler Haut davongekommen. Jetzt weiß ich, woran ich bin. Die Elemente haben sich wieder beruhigt, der Alptraum ist vorüber, und ich lebe. Ich söhne mich mit dem Atlantik aus, finde keine passenden Worte für meine überwältigende Dankbarkeit. Die Erfahrung war traumatisch, aber der Ozean hat mich am Leben gelassen, das ist alles, was für mich zählt.

Ich hoffe, dass ich mich immer daran erinnern werde, dass diese herrliche Sache namens »Leben« uns in null komma nichts abhanden kommen kann. Ich steige von der Klinge hinab, auf der ich balanciert bin, und atme wieder durch. Der Ozean hat beschlossen, dass ich bleiben darf, während die beiden Männer – ein Ukrainer und ein Franzose –, die etwa zur gleichen Zeit wie ich aufgebrochen waren, nach wenigen Tagen aufgeben mussten, wegen des in diesem Jahr äußerst launischen Wetters. Mir ist bewusst, dass ich sehr viel Glück gehabt habe. Ich frage mich, woran das liegt. Mental habe ich durchgehalten, weil ich die Kraft hatte, meiner Angst und meinen Schmerzen nicht nachzugeben. Es war zwar knapp, aber immerhin. Ich fühle mich wie neu geboren und genieße diese Nacht in vollen Zügen.

Spätnachts bin ich dann wieder in meine Kajüte gekrochen und in tiefen, erholsamen Schlaf gefallen. Am nächsten Morgen gab es eine Menge zu tun. Doch bevor ich den Tag begann, holte ich, weil ich mich langsam in Küstennähe bewegte, mein kleines Radio hervor und drehte am Senderknopf, in der Hoffnung, auf gut Glück irgendeinen Musiksender zu erwischen. Die Störgeräusche waren unangenehm laut. Nach ein paar Minuten wollte ich schon aufgeben, als ich eine warme, etwas raue und melodische Stimme vernahm. Ich konnte nur ein paar Töne und ein bisschen geraunten Text hören, aber es reichte, um das Lied von Tracy Chapman zu erkennen, das ich letztes Jahr im Oktober an dem Tag gehört hatte, an dem ich beschloss, das Abenteuer zu wagen, und die erste Anzahlung für mein Boot leistete ... Dann war der Sender wieder weg, doch ich konnte nun leichten Herzens loslegen. Ich bastelte mir, so gut es ging, einen Ersatz für meinen Gleitsitz, den der Sturm weggerissen hatte. Ich gewöhnte mich wieder daran, ohne Beine zu rudern, und entwickelte eine gute Technik, dank der ich trotz meines verstauchten Handgelenks die Ruder halten konnte, ganz locker und mit geöffneten Fingern, die den Griff kaum berührten. Die ganze Zeit aber hatte ich die Melodie im Kopf. Gestärkt gehe ich aus den Schwierigkeiten hervor und sehe den Ozean jetzt mit anderen Augen. Meine Sorglosigkeit und eine Portion Naivität überlasse ich ihm, dafür lässt er mich wieder Atem holen. Weshalb wir auf immer miteinander verbunden sein werden.

8

Ein defekter Entsalzer – Ostwind – Sill – Von Haien und Entenmuscheln

Wenn erst einmal der Wurm drin ist, dann richtig! Der August geht zu Ende, und ich habe die Geburt von Anya Fontenoy verpasst. Wie ich höre, schweben Yann und Gipsy im siebten Himmel. Es macht mich rasend, nicht bei ihnen sein zu können. Ich fühle mich einsam. Man sagt mir, sie habe viele Haare und weine so gut wie nie. Mama hat ihr anscheinend gewünscht, sie möge »so robust wie Maud« werden.

Der Nordwind hat mich weit südlich von meiner eigentlichen Route abdriften lassen. Ich bin jetzt auf einem Breitengrad, der eher Spanien oder sogar Portugal entspricht, nicht aber Frankreich, ganz zu schweigen von Brest ... Und das ist noch nicht alles: Außerdem ist mein Entsalzer kaputt. Der Motor läuft, und trotzdem kommt kein Tropfen Wasser raus. Der Apparat steht steuerbord in einer Ecke, unterhalb des Cockpits. Man kommt praktisch nicht an ihn heran. Ich hole das Handbuch hervor. Mehrmals lese ich die Gebrauchsanweisung, wie schon vor der Abreise, verstehe aber nicht, wo das Problem liegen könnte. Das Wasser scheint hereinzulaufen, der Motor dreht sich, der Kolben der Pumpe setzt sich in Bewegung, konzentriertes Salzwasser läuft heraus – aber kein Tropfen Trinkwasser! Ich weiß, dass ich ein Ersatzgerät dabei habe, dasselbe Modell, das allerdings von Hand betrieben wird. Es befindet sich in einer der vorderen Kisten. Ich würde es ungern vorschnell aus seinem Versteck hervorholen, lieber repariere ich dieses hier. Dank meines Satellitentelefons kann ich mein Festlandteam verständigen, das sich beim Hersteller und Entwickler erkundigt. Nichts zu wollen, niemand findet die Ursache. Vielleicht muss man den Filter wechseln? Gut, wird gemacht. Immer noch nichts. Daran liegt es also nicht. Man müsse das Biozid komplett entleeren. Da mir nichts anderes übrig bleibt, mache ich auch das, auch wenn es in meinem winzigen Verschlag nicht gerade bequem ist. Ich benötige mehrere Behälter, Pilot schüttelt mich unaufhörlich durch, und ich klammere mich an meine Eimer, die randvoll sind mit antibakterieller Lösung; das raubt mir kostbare Stunden, die ich lieber rudernd zubringen würde, um wieder aufzuholen, was ich in dieser Woche an Zeit verloren habe. Die Saison geht vorüber, und allmählich wäre ich wirklich gern wieder in Sicherheit an Land.

Nach zwei Tagen, in denen ich das Unmögliche versuche, beschließe ich, meinen Behelfsentsalzer hervorzuholen. Ich zwänge mich in die vordere Kajüte und ziehe das zweite Gerät hervor. Hoffentlich funktioniert es! Als der schwere Apparat ausgepackt ist, stellen sich die Dinge nicht so einfach dar, wie ich es mir vorgestellt habe. Einer der Schläuche muss bis ins Wasser reichen, damit das Meerwasser hochgepumpt werden kann, gleichzeitig muss das Süßwasser in einem sauberen Behälter gesammelt werden, und währenddessen sollten mir das Restwasser und das Salz nicht in die Stiefel rinnen. Ich habe, wie ich finde, alle erdenklichen Möglichkeiten ausgeschöpft, aber wie ich es auch anstelle, ich schaffe es nicht, das Gerät festzuhalten. Ständig rutscht es mir weg, und gerade wäre es schon zum dritten Mal beinahe im Wasser gelandet. Langsam steigt mir das Blut zu Kopf.

Meine Wasserreserven sind begrenzt, und in den letzten zwei Tagen habe ich mich reichlich bedient. Selbst wenn ich meinen Bedarf stark einschränke, brauche ich ungefähr zwei Liter pro Tag. Ich setze mich hin und denke nach. Kopfschmerzen und Hunger plagen mich. Ich hätte ganz gern eine Lösung, bevor ich die nächste Mahlzeit zubereite. Seit ein paar Wochen schon gehe ich sparsam mit meinen Essensvorräten um. Ich sehe, dass die Zeit vergeht und die Küste immer noch weit entfernt ist. Das Wasserproblem bereitet nun enorme zusätzliche Schwierigkeiten. Kein Wasser bedeutet in meiner Situation auch kein Essen. Ich muss diesen Apparat unbedingt irgendwo befestigen. Ich sehe mich um und suche nach einer geeigneten Stelle, an der ich den Hebel mit voller Kraft betätigen kann. Endlich habe ich eine Idee: an einem der vorderen Handläufe. Das ist nur eine provisorische und etwas wacklige Lösung, aber bis zum Festland dauert es nicht mehr lange – zumindest denke ich das. Ich hole zwei, drei Leinen hervor und binde den Apparat vorne an. Gespannt auf den Probelauf ziehe ich die Knoten fest. Ich stelle einen Kanister mit Meerwasser ins Cockpit, denn auf dieser Höhe reicht der Schlauch nicht bis ins Meer. Ein Kanister für das Trinkwasser steht bereit, und das restliche konzentrierte Salzwasser läuft den Rumpf hinunter. Es ist so weit, der Versuch kann beginnen. Die Pumpe ist sehr schwer zu bedienen, aber immerhin kann ich beide Hände benutzen. Es sieht so aus, als würde es funktionieren. Ich pumpe ungefähr zehn Minuten lang, bevor ich das Wasser probiere, um sicherzugehen, dass es auch wirklich kein giftiges Biozid mehr enthält. Es wäre wirklich katastrophal, wenn ich jetzt krank würde. Ich höre auf zu pumpen und führe den Schlauch an meine Lippen. Alles in Ordnung, es scheint zu klappen, das Wasser ist geruchs- und geschmacklos, komplett demineralisiert, und genau so wollte ich es auch. Es funktioniert! Ich pumpe also ein Gutteil der Nacht, um eine kleine Reserve anzulegen, denn diese unbequeme Arbeit kann ich bei Sturm kaum erledigen. Für einen Liter brauche ich eine Dreiviertelstunde. Bei dem Tempo wird es für ein Bad wohl leider nicht reichen …

Zwei Wochen später stehe ich vor der nächsten Katastrophe. Meine Konstruktion erweist sich als nicht sehr robust, ich halte den Pumpengriff in der Hand. Der Bolzen ist gebrochen. Ich bin sprachlos.

Dieses Mal wird es brenzlig. Natürlich habe ich auf der Stelle großen Durst. Im Nordatlantik regnet es so gut wie nie, und mir bleiben nur noch sechs Liter Reserve. Ich habe Schmerzen in der Brust, und zig Fragen gehen mir durch den Kopf. Angst zu verdursten steigt in mir auf. Ich versuche, mich zusammenzureißen. Schließlich weiß ich genau, dass man nicht einfach so von heute auf morgen stirbt. Schon möglich, aber vielleicht zwingt mich dieses unerwartete Problem eben doch aufzugeben. So kurz vor dem Ende ... Die Frage nach dem voraussichtlichen Datum meiner Ankunft kann ich nicht mehr hören. Ich habe keine Ahnung und sage es den Journalisten auch immer wieder. Es hängt von so vielen Dingen ab, die ich alle nicht beeinflussen kann. Ich bin hier 300 Seemeilen, also 600 Kilometer, von der Küste entfernt und ohne jedes Hilfsmittel für die Wasseraufbereitung. Ich rege mich wahnsinnig über all die Nachrichten auf, in denen es heißt: Geschafft! Ich hätte Lust, ihnen entgegenzuschreien, dass noch gar nichts geschafft ist, dass der Sieg eine Sache des Zufalls ist und am seidenen Faden hängt. Und es ärgert mich, weil ich selbst auch so gern daran glauben würde. Ich will meine Familie wiedersehen und es endlich hinter mir haben. Doch was wird aus mir, ohne Wasser? Ich versuche, die düsteren Gedanken zu verscheuchen. Ich werde eine Lösung finden. Ganz einfach, ich muss eben das erste Gerät reparieren.

Nun beginnt für mich eine buchstäblich »böse Woche«. Weil ich überhaupt nicht absehen kann, wie viel Zeit die Reparatur wohl in Anspruch nimmt, treffe ich Vorkehrungen, das wenige verbleibende Wasser zu sparen. Auf Vermittlung von Gérard rät mir Alain Bombard, den ich vor meiner Abreise kennen gelernt hatte, ein Drittel meines täglichen Wasserverbrauchs mit Meerwasser zu bestreiten, was ich sofort tue. Gewiss ein umstrittener Vorschlag. Es kann zu einer Niereninsuffizienz kommen, da der Körper einfach nicht dafür geschaffen ist, so viel Salz herauszufiltern. Alle informieren sich, zuhauf gehen Nachrichten ein. Das Festlandteam nimmt Kontakt zu Spezialisten auf, darunter Dominique Jan, ein befreundeter Chirurg in New York. Er beschäftigt seinen ganzen Stab mit der Problematik, und die Mediziner kommen zu einer eindeutigen Aussage: Anstelle von Meerwasser trinke man besser noch seinen eigenen Urin. Es kommt also noch schlimmer! Dass Urin bei vielen Indianerstämmen eine gängige Präventivmedizin ist, weiß ich. Bestimmt sind da auch unzählige Antikörper drin! Urin hat viele Heilwirkungen, schön und gut, aber trotzdem!

Ich bemühe mich, die Situation lächelnd zu meistern, depressiv oder panisch zu werden, würde mir nicht helfen. Die Überquerung des Ozeans nimmt eine ungeahnte Wendung. Ich bin jetzt im Stadium des Überlebens auf dem Meer und drohe auszutrocknen.

Eine Woche lang zwingen mich die äußeren Umstände also dazu, abwechselnd Meerwasser und meinen Urin zu trinken. Da mir nur noch sehr wenig Trinkwasser bleibt, schränke ich meine Nahrungszufuhr noch weiter ein. Rein körperlich ist diese Phase die schlimmste. Ich verliere zusehends an Gewicht und habe praktisch keine Kraft mehr. Wiederholt plagen mich Schwindelanfälle und eine nicht enden wollende Migräne. Von dem Übermaß an Salz bekomme ich Bauchschmerzen. Wenn ich wenigstens etwas angeln würde, dann könnte ich ein bisschen Flüssigkeit aus dem Fisch ziehen. Aber nichts, es will noch immer keiner anbeißen! Die ersten Anzeichen der Austrocknung machen sich bemerkbar, und meine ohnehin rudimentäre Ernährung ist jetzt eindeutig unzureichend. Eines Nachts habe ich solchen Hunger, dass ich trotz der Erschöpfung nicht einschlafen kann. Um drei Uhr in der Früh stehe ich dann doch auf, um mir etwas zu essen zu machen. Schließlich muss ich noch weiterrudern …

Jeden Tag hole ich alles aus mir raus, um voranzukommen, meiner Erlösung entgegen. Wenn es nur regnen würde! Manchmal färbt sich der Himmel stellenweise rußschwarz, und ich glaube, bald ein paar Liter Wasser sammeln zu können. Sobald die ersten Tropfen fallen, lasse ich alles stehen und liegen, hole meine Töpfe hervor und spanne einen Plastiksack über dem Cockpit auf ... und immer dann hört der Regen wieder auf. Leicht amüsiert sagt man mir, ich hätte wohl die Plane erfunden, die Regen stoppt, und solle doch gleich ein Patent anmelden! Darüber zu lachen, ist immer noch besser. Die Situation wird jeden Tag schlimmer, der Hunger hält mich wach und lässt mich nicht mehr los. Ich habe unerträgliche Magenkrämpfe. Ich bin so weit, dass ich mit einem kleinen Löffel in der Hand ein paar Wassertropfen im Cockpit einsammle. Dennoch gebe ich die Hoffnung nicht auf und ackere mein Handbuch durch, um das Gerät zu reparieren. Zuallererst muss ich es aus dieser Ecke hervorholen, was alles anderes als leicht ist. Ich breche die Abdeckung auf und versuche, das rund 15 Kilo wiegende Ungetüm hervorzuziehen. Mit ausgestreckten Armen ist es sehr schwer; zusammengekauert hocke ich in meiner Kajüte, und mir ist schlecht. Das Meer draußen macht weiterhin, was es will, und Pilot stampft unaufhörlich. Die Wellen sind ungefähr drei Meter hoch, und ich habe wirklich keine Lust, hier auch noch die Mechanikerin zu spielen. Seit meiner Abfahrt verfolgt mich die Vorstellung, irgendwann nicht daran vorbeizukommen. Schon an Land war es nicht leicht, dieses System der umgekehrten Osmose zu begreifen, und jetzt, mutterseelenallein in meiner Kajüte, ist mir, als würde dieses Entsalzungsgerät gleich nach mir schnappen. Ich konzentriere mich, vor mir auf der einen Seite einen Eimer, in den ich mich übergeben kann, und auf der anderen den Apparat. Ich nehme ihn genauestens unter die Lupe, drehe und wende ihn und versuche, einen Zusammenhang zu diesem verflixten Handbuch herzustellen. Dann lege ich los, und nach zwei Stunden des Auseinander- und Wiederzusammenbauens stelle ich ihn erneut auf. Ich bin sehr gespannt auf den ersten Versuch. Hoffentlich läuft er wieder! Andernfalls steht immerhin so viel fest: Ich habe wirklich nichts unversucht gelassen, und das ist es, was für mich zählt. Für mich wird dieses Problem zur Lektion über das Leben, eine Phase der Überwindung meiner Selbstzweifel. Ich muss lernen, mir selbst zu vertrauen. Warum sollten Mädchen handwerklich minderbemittelt sein? Wenn es zu Hause etwas gab, mussten in der Regel »die Jungs« ran, meine beiden Brüder. Und ich habe darum gekämpft, mit dabei zu sein, zuzugucken, die Hände auch ins Schmieröl tauchen zu dürfen. Heute allerdings träume ich davon, sie wären da und würden mir helfen. Ich schalte den Knopf ein, der Motor läuft, ängstlich schaue ich, ob Trinkwasser kommt: nichts. Es dauert, ich weiß. »Geduld, Maud«, scheint Pilot mir zuzuraunen. Noch ein paar Minuten, und tatsächlich: Klares Wasser tropft in meine Flasche. Hurra, großartig! Das ist ein echter Sieg für mich. Ich lasse einen Liter Wasser durchlaufen und wärme etwas davon für gefriergetrocknete Spaghetti bolognese auf. Köstlich. Diese Nacht wird ruhiger. Ich muss nicht mehr daran denken, wegen technischer Schwierigkeiten aufzugeben. Die Zeit vergeht, meine Überquerung geht weiter.

Am 7. September feiere ich meinen Geburtstag, allein, mitten auf dem Ozean, ohne Schokoladentorte. Ich bin 26, ein Sturm ist aufgezogen, und in der Nacht kentere ich zweimal …

Einige Tage später ist das Wetter wieder klar, ich freue mich schon auf einen schönen Sonnenuntergang. Am Abend werde ich nicht enttäuscht, es ist eine Pracht. Das ganze Meer ist rosa geschminkt und sieht ganz anders aus in dieser Mischung aus Zartheit und Geschmeidigkeit, ja Weiblichkeit. Die Sonne färbt sich purpurrot, als sie dem Wasser entgegenkommt. Hin und wieder versteckt sie sich hinter den Wolken, die sich alsbald glutumsäumt präsentieren. Ein fast schon ergreifendes Schauspiel, das sich mir bietet. Wie immer, nach jedem harten Schlag, versucht der Ozean, mich zu trösten. Am Tag danach widme ich den Logbucheintrag meiner Mutter. Die Worte, die sie mir am Tag meiner Abfahrt in Paris leise zugeflüstert hat, klingen in meinem Herzen noch immer nach. Es sind Zeilen aus einem Chanson von Léo Ferré:

Avec le temps on oublie les voix
Qui vous disaient tout bas les mots des pauvres gens
Ne rentre pas trop tard, surtout ne prends pas froid

Mit der Zeit vergisst man die Stimmen,
Die einem leise sagten, wie es bei kleinen Leuten ist,
Komm nicht zu spät nach Haus, und erkälte Dich ja nicht

Diese Worte sind wie eine kleine Glocke, die Pilot bei jedem Schwanken hin- und herbewegt. Ich denke an ihre sanfte Art, an die Tränen, die sie nicht mehr zurückhalten konnte, an ihre Not, als ich mich von ihr verabschiedete, an mein Versprechen, vorsichtig zu sein und vor dem Winter heil zurückzukehren. Die Zeit wird lang.

Ein paar Tage später treffe ich den Segler Roland Jourdain, der mit seinem englischen Co-Skipper auf einem 18-Meter-Schiff unterwegs ist. Wir haben denselben Meteorologen, der ihn darauf aufmerksam gemacht hat, dass ich nicht weit weg sei. Da er unweit meiner Position vorbeikommt, besteht er darauf, mir einen Kanister Wasser vorbeizubringen für den Fall, dass mein Entsalzer wieder verrückt spielen sollte. Diese Geste der Solidarität auf See tröstet mich. Ich warte den ganzen Tag auf ihn und freue mich maßlos. Es ist der erste Kontakt nach dreieinhalb Monaten Einsamkeit. Ich sehe ihn kommen; zuerst die Spitze seines Mastes, dann das ganze Segel und schließlich den knallroten Rumpf. Stolz wie ein Ritter naht *Sill*. Ich bin nervös. Er fährt so nah wie möglich an Pilot heran, der neben diesem Segelschiff wieder sehr klein aussieht, doch der Wind bläst zu stark, und ich kann mein Boot kaum steuern. Unsere Blicke kreuzen sich, es ist für mich das schönste Geschenk. Schnell wechseln wir ein paar Worte. »Scheint ja einigermaßen zu laufen!« ruft er mir zu. JA. Vor lauter Freude, ihn zu sehen, grinse ich bis über beide Ohren. Mir ist, als wäre ich ganz nah an der Küste, und mit einem Mal fühle ich mich, als wäre ich schon ein klein wenig angekommen. Er bleibt allerdings nur ein paar Minuten, dann verabschieden wir uns voneinander. Langsam entfernt er sich. Am darauf folgenden Tag wird er schon wieder in den sicheren Hafen einlaufen, und ich bin noch immer auf See. Hin- und hergerissen frage ich mich, ob ich nicht besser aufgegeben hätte und bei ihnen an Bord gegangen wäre. Die Versuchung war da. Und wenn der Ozean mir gerade eine Chance gegeben hat und es ihn erzürnt, dass ich sie so stur zurückweise? Solche Fragen sind gewiss lächerlich, aber sie schwirren mir durch den Kopf. Zum Glück wusste ich in dem Moment noch nicht, dass ich nicht – wie erwartet – nur noch wenige Tage vor mir hatte, sondern alles in allem siebzehn! Es war mein 100. Tag auf See, und die Dinge entwickelten sich nicht gerade zum Besten.

Es ist Mitte September, ich bin einen Monat zu spät dran. Allmählich hindert mich die Kälte am Schlafen, die Angst vor dem nächsten großen Sturm lässt mich keine Sekunde mehr los. Mir wird bewusst, wie schnell die Zeit vergeht und dass es selbstmörderisch wäre, im Herbst in einer Nussschale auf dem Ozean unterwegs zu sein. Das Leben an Bord gestaltet sich immer schwieriger. Ich habe keine Kleidung zum Wechseln mehr, keine Seife zum Waschen, keine Batterien für mein GPS, und ich befürchte, dass mir schon bald das Gas für meinen Kocher ausgehen wird. Ich musste mein zweites Leuchtsignal einschalten, beim anderen war die Batterie leer. Drinnen ist alles nass, und meine Haut leidet immer mehr. Die

Ankunft wird langsam zum Hirngespinst, ich wage kaum noch an sie zu glauben. Natürlich denke ich ständig an diese Ziellinie, schon vom ersten Tag an habe ich ununterbrochen daran gedacht. Ich habe davon geträumt, habe sie mir vorgestellt, hundert Mal. Es ist zum Verrücktwerden. Der Ostwind, der von Europa herweht, schiebt mich zurück, er foltert mich. Pilot läuft rückwärts, ich rudere den ganzen Tag, und abends dreht der Wind wieder und drängt mich in die falsche Richtung. Über einen Monat lang komme ich zuerst nicht vom Fleck, dann nur mühsam vorwärts und falle schließlich wieder zurück. Manchmal verliere ich binnen vierundzwanzig Stunden, was ich mir in über vier oder fünf Tagen hart erarbeitet habe. Es macht mich rasend, so machtlos zu sein. Ich ringe mit dem Hochdruckgebiet, und währenddessen ist es in Frankreich hoffnungslos schön und warm ... In dieser ganzen Zeit, in der ich auf Teufel komm raus zurücktreibe, rudere ich, egal, zu welcher Tages- oder Nachtzeit, weiter, sobald der Wind sich legt. Um drei Uhr in der Früh sitze ich im Cockpit, ob es warm ist oder kalt, und rudere unermüdlich. Das Wetter ändert sich permanent, immer wenn man mir eine Wetterbesserung ankündigt, glaube ich daran. Und jedes Mal, wenn der Wind wieder bläst, kommt die Ernüchterung. Die Enttäuschungen reihen sich aneinander. Mein Kalender in der Kajüte, auf dem ich die Tage durchstreiche, war mit dem Monat August zu Ende. Ich musste ihn zehntageweise verlängern ... Jetzt ist kein Platz mehr auf dem Blatt.

Wenn der Wind zu stark weht, als dass sich ein Kampf überhaupt lohnen würde, werfe ich den Treibanker aus. Dann bewegt Pilot sich heftig hin und her. Man könnte meinen, er wäre eine Hummel, die man am Schwanz festhält und die in alle Richtungen abhebt. Er will sich befreien. Ich bin wütend. Immer wieder wird mein müder Körper herumgeschleudert. Tagelang bleibe ich eingesperrt. Warten, warten und nochmals warten, dass das Wetter besser wird, dass der

Wind endlich dreht. Ich lebe unter den abstoßendsten Entsagungen, wie ein Tier. Ich rufe mir die Theorien der Stoiker in Erinnerung, mit denen ich mich intensiv beschäftigt habe. Ich denke an den von mir verehrten Marc Aurel. Nicht so leicht umzusetzen. Dennoch versuche ich, die Ruhe zu bewahren. Körperliche Schwächen soll man durch seelische Stärke ausgleichen. Das ist gar nicht so einfach, kann ich nur sagen. Man erzählt mir die Geschichte eines Ruderers, der in einer ähnlichen Situation den Verstand verloren hat, am Tag vor seiner Ankunft. Ich sage mir, dass das vielleicht nur eine Anekdote ist. Meine Leute an Land flehen mich an aufzugeben. Befreundete Seeleute, die das Meer zu dieser Jahreszeit gut kennen, wollen mich abholen. Ich muss sie davon überzeugen, dass alles in Ordnung ist, dass ich vorsichtig bin und darüber nachdenken werde, sollte man mir einen Orkan ankündigen. Für mich kommt es nicht in Frage, nur deshalb aufzugeben, weil ich mit dem Stress oder der Angst nicht zu Rande komme. Wenn ich aufhöre, dann aus handfesten Gründen. Im Augenblick stellt sich die Frage nicht. Ich muss die gegenwärtige Lage akzeptieren, und das versuche ich, indem ich mich dazu motiviere, mein Boot zu warten.

Entenmuscheln, Rankenfüßer mit langem Stiel, haben Pilots Rumpf bedeckt. Das Antifouling, das als Schutz dienen sollte, hält nicht ewig, und meine Überfahrt dauert länger als vorgesehen. Der Bootsrumpf gleitet nicht mehr richtig auf dem Wasser, meine Ruderschläge sind nur noch halb so effizient. Da gibt es nur eines: Saubermachen. Unter mir geht es 4000 Meter in die Tiefe, ein dunkler Abgrund, in dem ich die letzten Tage Haie habe schwimmen sehen. Bei ihrem Anblick laufen mir gewaltige Schauer über den Rücken. Zuerst sehe ich ihre lange, dünne Rückenflosse, die pfeilschnell das Wasser zerteilt. Sie kommen direkt auf Pilot zu. Instinktiv sucht meine Hand nach dem Griff, an dem ich mich festklammern kann. Jetzt bloß nicht ins Wasser fallen. Ihr schwarzer, kräftiger Raubfischkörper nähert sich völlig geräuschlos. Sie dürften vier bis fünf Meter lang sein, beeindruckend im Verhältnis zur Größe meines Bootes. Wenn sie ganz nah sind, tauchen sie schlagartig ab. Ich müsste nur die Hand ausstrecken, um sie zu berühren. Sie streichen den Rumpf entlang, der unter meinen Füßen vibriert. Schnell nehme ich eines meiner Ruder aus der Dolle und gehe in Verteidigungsstellung. Sie tauchen auf der anderen Seite wieder auf und kreisen dann mit düster-eisigen Augen, die eine Mischung aus Kraft und Selbstvertrauen widerspiegeln, angriffslustig um das Boot. Ich bin für den Ernstfall gewappnet und warte ab, derweil ich mit sicherem Stand im Cockpit jede ihrer Bewegungen verfolge. Ich denke an den Tag zurück, als ich im Golfstrom unter der gleißenden Sonne so Lust hatte zu baden. Die Monster scheinen nicht zu wissen, wo sie angreifen können. Sie versuchen ein letztes Mal, mich einzuschüchtern, und recken mir noch einmal den Kopf entgegen, bevor sie genauso schnell wieder verschwinden, wie sie gekommen sind. Ich rechne damit, sie noch einmal zu sehen, aber die Minuten vergehen, und sie tauchen den ganzen Tag nicht mehr auf.

An diesem Morgen sind es nicht nur die Erinnerungen an die Haie, weswegen mir nicht gerade nach einem Kopfsprung zumute ist; das Wasser ist auch noch eiskalt, und ich habe Angst, nicht genügend Kraft zu haben, um ins Boot zurückzuklettern. Wohl oder übel muss ich aber den Rumpf von diesen Entenmuscheln befreien. Ich ziehe mich aus und lege das Gurtzeug an, durch das ich mit Pilot verbunden bin. Ich habe noch nie so lange gebraucht, um ins Wasser zu gehen, dabei schwimme ich für mein Leben gern. Zum einen schlottere ich vor Kälte, zum anderen fühle ich mich wirklich nicht sicher. Es ist das unangenehme Gefühl, in ein Haifischbecken einzutauchen. Ich hole tief Luft, mein Herz klopft wie wild. An Land habe ich Bescheid gegeben, damit sie wissen, was ich tue. Marc war am anderen Ende, und ich weiß, dass er jetzt ungeduldig darauf wartet, dass ich mich wieder melde. Ich spritze mich nass und tauche dann unter. Das Wasser lässt mich von Kopf bis Fuß gefrieren, mir stockt der Atem, ich fühle mich durch und durch steif. Ich muss mich beeilen; zum Glück wird mir vor lauter Angst warm, aber ich bibbere am ganzen Körper. Hektisch reiße ich mit bloßen Händen, damit es schneller geht, alle Muscheln vom Rumpf und drehe mich ständig um, um zu sehen, ob nicht doch ein Hai auftaucht. Gerade nicht. Die Entenmuscheln gleiten mir aus den Händen und schrauben sich in den Abgrund. Wild paddelnd halte ich meine Füße an der Oberfläche. Schnell, Maud, beeile dich ein bisschen. Jetzt steuerbord. Aber meine Leine ist zu kurz, ich muss wieder raufklettern und auf der anderen Seite wieder ins Wasser. Das darf doch nicht wahr sein! Und doch tue ich es, nicht ohne Mühe, meine Kräfte schwinden, und mir ist unglaublich kalt. Noch mal ins Wasser zu gehen, ist eine echte Folter. Ich mache meine Arbeit, so schnell ich kann. Als ich völlig entkräftet wieder an Bord klettere, merke ich, dass ich mir einen Finger aufgeschlitzt habe, im Cockpit ist überall Blut ... Zitternd wie Espenlaub, bin ich im Grunde meines Herzens unendlich stolz. Noch bevor ich mich abtrockne, rufe ich Marc an, um ihn zu beruhigen. Es dauert nur eine Sekunde, aber ich merke, wie froh er ist. »Komm schnell nach Hause«, sagt er zu mir. Ich spüre, dass es an Land ausgesprochen bedrückend wird. Ich will sie schnellstens wiedersehen, sie fehlen mir über alle Maßen. Mit meinem letzten kleinen, halbtrockenen Handtuch reibe ich mich ab, bis mir warm wird, und ziehe mich wieder an. Anschließend mache ich Wasser heiß und gönne mir eine warme Mahlzeit. Es fehlte noch, dass ich mir jetzt eine Lungenentzündung hole.

Eine halbe Stunde später geht es weiter. Ich setze mich an die Ruder. Der Gegenwind hat nachgelassen, ich halte die Daumen, dass es so bleibt.

9

Sturmwarnung – Ein Spatz, drei Schmetterlinge – Kurs auf Spanien – Die letzte Nacht an Bord

Der September ist vergangen wie im Flug, jetzt ist es Oktober, und ich bin immer noch nicht da. Der ununterbrochen blasende Ostwind quält mich hemmungslos. Die Küste ist nur wenige Rudertage entfernt, und doch schaffe ich es nicht, näher an sie heranzukommen. Ich bin allein auf dem Ozean und diesen heftigen, ablandigen Winden ausgesetzt, die mich jeden Tag ein bisschen weiter zurückwerfen. Die Zeiger meiner Uhr scheinen sich nicht mehr weiterzudrehen, die Zeit ist stehen geblieben und verdammt mich dazu, bis in alle Ewigkeit zu rudern. Ich fürchte mich vor dem nächsten Sturm, der mit fortschreitender Jahreszeit mehr als vorhersehbar ist.

Vor ein paar Tagen, wie zum Beweis, dass ich wirklich nicht mehr sehr weit weg bin und das Schicksal mich zum Narren hält, landete ein winziger, erschöpfter Spatz auf Pilot. Eine surrealistische Szene. Ich sprach gerade mit meinem Freund Thomas am Telefon, war ganz vertieft und zugleich zerstreut, weil ich mich so freute, mit ihm zu reden, als urplötzlich ein kleiner, schokoladenfarbener Vogel in meiner Kajüte landete. Zitternd kauerte er sich in mein zum Kopfkissen zusammengeballtes Fleece. Ein so kleiner Vogel, verloren mitten auf dem Ozean, ist sonderbar. Ich fragte mich, wie er hierher gelangen konnte. Sicher hatte er sich von dem Wind, der von Europa herweht, tragen lassen. Ich legte sofort auf und beobachtete ihn, regungslos und mucksmäuschenstill. Er war völlig außer Atem und ruhte sich etwas aus. Er beachtete mich überhaupt nicht. Ein paar Augenblicke vergingen, dann flog er wieder fort. Ich duckte mich, damit er den Ausgang sofort fand, und sah zu, wie er wegflog. Sprachlos fragte ich mich, was ihn wohl dazu bewogen hatte, sich wieder auf den Weg zu machen, nachdem er endlich einen Unterschlupf gefunden hatte? Die Frage ließ mich lange nicht mehr los. Schließlich kam ich zu dem Schluss, dass er gar nicht anders konnte. Es war stärker als die Erschöpfung, die ihn dazu gezwungen hatte, irgendwo zu landen. Es war stärker als Hunderte von Kilometern, die ihn vom Festland trennten. Es war seine Natur als Vogel. Und was ist mit mir? Was treibt mich dazu weiterzurudern?

In dieser Woche kommt es zu einer weiteren Erscheinung: Drei gelbe Schmetterlinge, die derselbe Wind herbeigeweht hat, fliegen über mein Boot hinweg. Ein winziger Farbtupfer über dem graublauen Meer. Es ist zauberhaft. Ich bin fasziniert. Ein Lichtblick an einem leicht beängstigenden Vormittag. Denn seit drei Tagen ist es offiziell: Ein schwerer Sturm ist im Anzug. Man kündigt mir acht bis zehn Meter hohe Wellen an und Windböen von 50–60 Knoten. Mein Magen zieht sich zusammen, es ist unerträglich.

»Und wie lange wird es diesmal dauern?«, frage ich meinen Wettermann beharrlich.

»Der Durchzug der Front müsste rund zwölf Stunden dauern. Allerhöchstens«, fügt er mit halblauter Stimme hinzu, um mich zu beruhigen.

»Was? Zwölf Stunden? Das ist unmöglich, das halte ich nicht durch, nicht noch einmal!«

Mein Hirn vernebelt sich. Reglos beende ich die Unterhaltung. Es bringt nichts, dass ich ihm meine Ängste zeige, er kann nichts dafür, und je mehr er meine Angst spürt, desto weniger wird er mir die Wahrheit sagen wollen. Ich will aber wissen, was mich erwartet, auch wenn ich nichts ändern kann. Ich muss mich und mein Boot darauf vorbereiten, in jeder Hinsicht. Jetzt heißt es erst einmal abzuwarten. Noch heute steigt dieses bittere Gefühl in mir auf. Was tun? Leider ist es nicht damit getan, neue Schmerzen in Kauf zu nehmen. Da gibt es auch die Küste, die immer näher rückt. Ohne den Sturm wäre das eine gute Nachricht. Aber bis in drei Tagen bin ich womöglich in einer riskanten Zone und laufe Gefahr, auf das Land zuzudriften. Und ein Sturm in der Biscaya hat es in sich! Seeleute wissen das. Die trostlosen Bilder vom Start der Route du Rhum im Jahr 2001 haben alle noch vor Augen. Das Meer hat ein Gemetzel veranstaltet. Ich wage nicht, mir meinen kleinen Pilot vorzustellen, wie er so nahe am Festland und mitten in den Untiefen ganz auf sich gestellt ist. Die einzige Lösung wäre, den Treibanker auszuwerfen, um das Boot stillzulegen. Ich darf nicht mehr rudern und muss warten, bis der Sturm über mich hinweggezogen ist. Das ist die schlimmste Folter: die Fahrt verlangsamen, während ich vor Ungeduld, endlich anzukommen, schon mit den Füßen scharre! Es kommt mir völlig abwegig vor. Nein, dazu kann ich mich nicht durchringen. Ich beschließe, mir eine Grenze zu setzen, bis zu der ich weiterrudere und ab der die nahe Küste gefährlich werden könnte ... Und ich drücke die Daumen, was sage ich, ich bete, dass der Wetterdienst noch einmal falsch liegt, ein einziges Mal zu meinen Gunsten, und dass dieses Tief nicht weiter auf mich zukommt.

Lange muss ich nicht auf die Antwort warten. Am nächsten Morgen, gleich in der Früh, klingelt mein Iridium-Telefon ... Es ist Pierre Lasnier, mein Meteorologe. Er ruft mir ein so leidenschaftliches »Guten Morgen« ins Ohr, dass ich merke, wie mir vor lauter Aufregung die Röte ins Gesicht steigt. Das muss eine gute Nachricht sein.

»Maud, hör zu, das Tief zieht weiter nördlich durch. Du hast sagenhaftes Glück, du wirst es nur ganz schwach zu spüren bekommen. Sieh' zu, dass du loskommst!«

Er sprudelt das in einem Zug heraus, ohne Punkt und Komma, als wäre es ein Geheimnis, das er nicht mehr für sich behalten kann. Er sprüht und scheint ebenso glücklich zu sein wie ich. Ich bin erleichtert. Schlagartig fühle ich mich jünger und federleicht. Erst jetzt merke ich, dass mein Körper seit drei Tagen extrem angespannt war. Meine Schultern entkrampfen sich, meine Lungen füllen sich wieder mit Luft. »Der Sturm zieht nördlich vorbei! Er zieht nördlich vorbei!« Ich will es laut heraussingen, herausschreien. Ich bin wieder voller Energie, der Tag fängt gut an!

Nichtsdestoweniger muss ich die Küste nun bald erreichen. Da aus dem Plan, in Frankreich anzukommen, nichts wird, nehme ich Kurs auf Spanien, das nicht allzu weit entfernt ist. Jetzt beginnt ein Wettlauf gegen die Zeit. Ich muss landen, bevor der Wind erneut dreht und mich aufs Meer treibt. An Land wird es hektisch. Für meine Ankunft in Spanien muss alles vorbereitet sein. Marc und Yann machen sich mit dem Anhänger für Pilot auf den Weg. Ich ziehe noch einmal kräftig an, während sie Richtung Galizien fahren. Nach 48 Stunden, die ich praktisch ununterbrochen an den Riemen verbracht habe, ruhe ich mich ein bisschen aus. Ausgelaugt schlafe ich nach wenigen Sekunden ein. Nach einer Stunde, meine Lider sind noch bleischwer, werde ich von meinen eigenartig durchnässten Füßen geweckt. Da stimmt doch was nicht ... Oh nein! Woher kommt das Wasser? Ich springe hoch, hebe die Matratze an und entdecke – ein Leck. Es ist die hintere Klüse. Das Ende des Treibankers, der durch sie hindurchgezogen wird, muss den Ring weggerissen haben. Das Meer ist unruhig, der hintere Bootsteil wird ständig überspült. Wasser läuft rein. Ich stelle mir vor, wie ich untergehe. Nein, nein, nein, nicht so nahe vor dem Ziel! Ich bin aufgebracht und panisch zugleich. Und alle dachten, es sei geschafft! Das Wetter ist zu schlecht, als dass ich mir die Schäden ansehen und irgendwie beheben könnte. Wir haben den 5. Oktober, ich weiß immer noch nicht, wann meine Überquerung beendet sein wird, und diese undichte Stelle wird bis zuletzt ein Unsicherheitsfaktor bleiben. Ich denke an nichts anderes mehr und hoffe, dass es nicht noch schlimmer wird. Bei der Vorstellung, ein paar Seemeilen vor der Küste unterzugehen, läuft es mir kalt den Rücken hinunter. Ich versuche, wieder einzuschlafen, aber es gelingt mir nicht. Alle fünf Minuten taste ich die Wand an der Stelle ab, an der das Wasser hereinkommt ...

Am Abend gibt mein Radar überhaupt keine Ruhe mehr. Besorgt setze ich mich wieder an die Ruder. Ich kriege kein Auge zu bei diesem Gefühl, in der Höhle des Löwen zu sitzen. Überall lauert Gefahr. Ich befinde mich mitten auf der Trasse der Frachter und Containerschiffe, auf der viel befahrenen Strecke Ouessant-Kap Finisterre. Ein winziges Eichhörnchen mitten auf der Autobahn. Es ist dunkel, kein Stern zeigt sich am Himmel, und rings um mich blinken lauter kleine Lichter, weiße oder rot-grüne. Ich höre den beängstigenden Lärm großer Motoren; sie kommen von links und rechts, ich bin wie gelähmt. Was tun? Mir ist, als wäre ich in einen Hinterhalt geraten. Meinem guten Willen zum Trotz fühle ich mich völlig machtlos; die richtige Entscheidung ist reiner Poker. Ich beschließe weiterzurudern, so schnell wie möglich, um der Gefahr zu entkommen. Ich muss unbedingt da rüber. Ich schließe die Augen und halte den Atem an, manchmal verschwinden die Lichter am Horizont: Sie entfernen sich. Aber ein paar Minuten später kommt das Nächste. Hört das denn nie auf? Die Stunden wollen nicht vergehen, die Nacht kommt mir endlos vor. Verzweifelt warte ich darauf, dass die Sonne aufgeht. Ich will es hinter mir haben und endlich da sein. Wenn ich daran denke, was seit dem 13. Juni alles passiert ist: lauter Katastrophen! In meiner ruhmvollen Geschichte fehlt nur noch ein Zusammenstoß mit einem Frachter. Ich kann es nicht glauben, nicht so kurz vor dem Ziel. Ich beruhige mich und sage mir, dass die Wahrscheinlichkeit dafür gering ist. Die ständig heulende Sirene raubt mir den Nerv. Ich verrenke mir den Hals, um beim Rudern hinter mich zu sehen. Ich muss raus aus diesem Wespennest, ausruhen kann ich mich später. Manchmal haue ich mir die Nase an meinen Rudern an. Wenn es nur endlich vorbei wäre ...

Im ersten Morgengrauen geht es mir besser. Kein einziger Frachter ist noch am Horizont. Auf der Karte bestimme ich meine Position: Ich bin ganz nah am Festland, ich müsste es schon sehen können. Das ist nicht der Moment, um schwach zu werden, ich lasse nicht locker. Roboterartig denke ich nur noch an eines: ankommen. Das Meer ist unruhig, Pilot schlingert, und ich stütze mich mit den Füßen ab. Hin und wieder richte ich den Blick auf den Horizont, für den Fall, dass ein Wunder geschehen sollte. Und da plötzlich, es ist noch nicht 8 Uhr, reißt wie von Zauberhand eine dicke schwarze Wolke auf ganzer Breite auf ... und ich sehe endlich Land!

Ich glühe, so ergriffen bin ich. Land, LAND! Ich heule vor Freude. Was für eine Wonne! Es ist herrlich. Wieder sehe ich mich bei meiner Abfahrt mit genau diesem Bild vor Augen, doch heute mit dem Wunsch, mich darauf zu und nicht davon weg zu bewegen. Mein Puls rast, ich bin energiegeladen, meine Augen brennen nicht mehr, und im Nu habe ich die grauenvolle Nacht vergessen, die ich gerade hinter mir habe. Überglücklich setze ich mich sofort mit meinem Festlandteam in Verbindung, damit unsere Internetfreunde informiert werden. Ich möchte auch sie beruhigen. Marc und Yann sind im Anmarsch, die spanischen Rotarier versuchen, ein Boot aufzutreiben, das zu mir rausfährt und mich dann bis La Coruña begleitet. Ich rudere schneller. Ich will wieder etwas riechen, Grün sehen, Bäume, das Relief der Felsen. Je näher ich der Küste komme, desto mehr stelle ich mit verdrehtem Hals fest, dass die Landschaft der bretonischen ein wenig ähnlich ist. Die Küste ist sehr steil, und so langsam frage ich mich, wie ich dort überhaupt anlegen soll. Höchste Zeit, dass sie an Land eine Lösung finden.

Gegen Mittag verkünden sie mir, dass sie ein Boot haben und zu mir unterwegs sind. Sie kommen mich holen, ich kann es kaum glauben. Damit wäre es vorbei, und ich hätte diese Überquerung hinter mir. Aber ich verbiete mir, mich zurückzulehnen. Ich muss auf jeden Fall konzentriert bleiben. »Sei vorsichtig, Maud«, scheint mir eine leise Stimme zuzuraunen. »Oft passiert es dann, wenn man sich schon in Sicherheit wähnt. Pass auf.«

»Wir bringen Dir ein Thunfisch-Sandwich mit Salat, Maud, das wolltest du doch, oder?«

Oh ja, mir läuft schon das Wasser im Munde zusammen. Feste Nahrung kauen, lange Vergessenes schmecken, ein Salatblatt, eine Tomatenscheibe ... Ich warte, suche den Horizont ab. Sie sind im Anzug.

»Wir kommen auf einem großen blauweißen Schnellboot. In zehn Minuten sind wir bei dir.«

Mir ist, als würde ich noch träumen. Auf diese Worte habe ich mich derartig gefreut. Seit 117 Tagen wünsche ich mir, das zu hören. Sie holen mich ab, endlich, bald werde ich schlafen. Ich kann nicht mehr still sitzen. Ich hole mein Fernglas hervor und suche die Küste ab ...

Da! Ich mache einen Freudensprung. Das sind sie, ich sehe sie! Sie kommen, mein Vater und mein Bruder, es ist wahr, es ist kein Traum, sie kommen. Mir ist zum Lachen zumute. Ich hoffe, ich habe mich nicht allzu sehr verändert, und sie erkennen mich noch. Seit zwei Tagen habe ich kein Auge zugetan. Da stehe ich nun mit meiner salzverkrusteten Segeljacke und verklebten Haaren. Das Meer ist aufgewühlt, die Wellen sind bestimmt zwei Meter hoch. Die Sonne scheint. Ich halte mich am vorderen Handlauf fest. Jetzt bloß nicht noch ins Wasser fallen.

Das Boot ist jetzt ganz nah, sie fahren seitlich heran, ich sehe ihre Gesichter, und mir ist, als wäre ich nie weg gewesen. Sie haben sich nicht verändert und grinsen auch bis über beide Ohren. Das Leben ist schön, ich fühle mich wunderbar!

Und dann die Enttäuschung. So einfach konnte es ja auch nicht sein. Sie umkreisen mich, fahren aber seltsamerweise nicht näher heran. Wir sprechen über Funk. Der Fahrer des Schnellbootes bleibt auf Abstand. Das Meer ist zu stürmisch, es ist zu gefährlich, er will das Manöver nicht riskieren. Ich bin sprachlos. Und mein Sandwich? Ohne Witz, sie können doch nicht einfach wieder wegfahren und mich hier vor den Felsen zurücklassen?

Doch, sie können. Eine halbe Stunde später teilen sie mir mit, sie müssten umdrehen und versuchen, ein anderes Schiff aufzutreiben, das bereit ist herauszufahren. Ich bin fix und fertig. Die angestaute Müdigkeit geht schlagartig auf meine schmerzenden Schultern nieder. Mein Haut brennt. Sie lassen mir nicht einmal die Zeit, mich selbst zu bemitleiden, und fahren mit dröhnendem Motor wieder ab. Ich bin wieder allein. Es ist nicht zu fassen. Werde ich je wieder Land sehen? Mir ist gar nicht mehr zum Lachen. Pilot scheint ebenso fassungslos zu sein wie ich, er schwankt hin und her. Gerädert vom Schaukeln, sinke ich auf meine Pritsche. Ich esse etwas auf die Schnelle, um wieder zu Kräften zu kommen. Das Pulver, von dem ich dachte, ich müsste es nie wieder sehen, scheint zu feixen. Man soll den Tag nicht vor dem Abend loben. Wieder heult mein Radar, ich kann es nicht mehr hören. Kein Moment Ruhe ist mir vergönnt. Ich robbe wieder nach draußen, die Ruder erwarten mich. Mein Gesäß schmerzt, ich weiß nicht, wie ich mich noch hinsetzen soll. Überall ist Salz, die Kleidung scheuert, alles ist unerträglich. Ich könnte heulen.

Der Nachmittag vergeht langsam, dann wird es dunkel. Sie haben immer noch kein Schiff aufgetrieben, und ich werde noch eine Horrornacht allein auf meinem Boot verbringen müssen, die dritte in Folge fast ohne Schlaf. Ich würde mich so gern ausruhen, endlich diese Anspannung los sein, schlafen. Meine Augen brennen, ich sitze draußen im Cockpit, die Nacht ist tiefschwarz, kein Stern steht am Himmel, der Mond ist auch nicht zu sehen. Ich denke nur daran, dass es endlich Tag werden möge. Ich schlage mir die Nase an, meine Arme sind völlig kraftlos, alles wird immer schwerer. In der Ferne sehe ich Positionslichter, immer wieder Positionslichter. Hier in der Fischfangzone befinde ich mich mitten zwischen großen Kuttern. Am liebsten würde ich ihnen entgegenschreien, sie sollen mich in Ruhe lassen, weit weg fahren und mich nicht mehr quälen. Sie sind überall. Es ist eiskalt, aber ich fahre auf meiner Route weiter. Der Wind pfeift, und ich wäre lieber drinnen in der Kajüte. Fast sehne ich mich nach der Zeit zurück, als ich mir allein mitten auf dem Ozean noch keine Sorgen darüber machen musste, ob ich an der Küste zerschelle oder mit einem Fischkutter zusammenstoße. Der Seegang wird stärker. So nah dran zu sein und dennoch allein, ist ein Alptraum. Als das Boot heute Nachmittag eintraf, war ich entspannt, und die erneute Einsamkeit ist umso furchtbarer. Ich konzentriere mich, um nicht wegzudösen, als ich plötzlich ein großes weißes Positionslicht erblicke, das direkt auf mich zukommt. Es nähert sich in atemberaubender Geschwindigkeit. Augenblicklich fahre ich hoch und bin wieder hellwach. Mit weit aufgerissenen Augen starre ich auf diesen monströsen Lichtfleck, der die Dunkelheit zerreißt und noch keinen Millimeter von seinem Kurs abgewichen ist. Er kommt in voller Fahrt querschiffs auf mich zu. In panischer Angst hole ich Leuchtrakete, Nebelhorn und Notblitz hervor. Ich bin fahrig, mein Herz klopft zum Zerspringen. Ich bin so schwach, dass ich beinahe ohnmächtig werde, gerade kann ich mich noch festhalten, um nicht ins Wasser zu fallen. Das Meer wirft Pilot von einer Seite auf die andere. Ich setze mich hin, damit nicht noch ein Unfall passiert. Das Schiff kommt immer näher. Wild schwenke ich mein Signal hin und her, mit der anderen Hand betätige ich das Nebelhorn. Ich veranstalte einen höllischen Lärm, aber was macht es, wenn ich taub werde, Hauptsache, ich bleibe am

Leben. Ich brülle. Die Angst wird immer stärker, ich schnappe nach Luft, ich will nicht überfahren werden, nicht so nahe vor dem Ziel. Was soll ich bloß machen? Ins Wasser springen? Das Boot verlassen? Und dann? Ich hätte jedenfalls keinerlei Möglichkeit, um Hilfe zu rufen. Das Wasser ist kalt, und ich würde nicht lange überleben, gerade mal ein paar Minuten. Sosehr ich auf die Schnelle auch nachdenke, eine Lösung fällt mir nicht ein. Meine Bullaugen sind alle geschlossen, damit ich ein Kentern überstehe. Ich muss mich entscheiden: rudern oder Signale geben, beides geht nicht. Auf mich sticht ein Bulldozer zu, der seine drei riesigen Scheinwerfer auf mich gerichtet hat. Ich bin völlig geblendet, und er sieht mich nicht.

«Stop!» schreie ich aus vollem Hals.

In letzter Sekunde stürzt der Kapitän hektisch aus seiner Kabine heraus. Schon wird Pilot von der Bugwelle erfasst. Der Kapitän packt das Steuerrad und dreht nach links. Dann schreit er mir etwas auf Spanisch zu, wahrscheinlich so etwas wie: »Was in aller Welt machen Sie da?« Ich antworte mit: *»Watch out, please!«* Aber es spielt schon keine Rolle mehr, er ist vorbei. Ich bin fix und fertig und breche in Tränen aus. Der Druck lässt nach, die Positionslichter entfernen sich und sind schon bald nicht mehr zu sehen. Ich wundere mich, dass er nicht angehalten und gefragt hat, was ich dort treibe oder ob ich Hilfe benötige. Aber egal, so muss ich nicht noch einmal erklären, was nicht zu erklären ist. Ich rufe an Land an und berichte von dem Vorfall.

«Es ist Zeit, dass ihr kommt. Zwischen der Küste, den Kuttern und dem immer höheren Seegang werde ich nicht lange überleben.»

Ich lasse mich ins hinterste Eck meines Cockpits fallen und schlottere. Es wird wohl die Müdigkeit sein. Macht bitte, dass es endlich hell wird! Die Situation ist unerträglich, und die Stunden vergehen nicht. Rings um mich lauter Kutter, die mich nicht sehen. Zwar blinkt das Licht an meinem kleinen Mast, aber ich weiß, dass es nicht hell genug ist. Jede Stunde habe ich Marc am Telefon und gebe ihm meine Position durch. Alle setzen Himmel und Hölle in Bewegung, um eine Lösung zu finden. Auch sie schlafen nicht, sondern suchen ein Schiff, mit dem sie aufs Meer können. Dabei lassen sie nichts unversucht. Jean-François Copé, der Bürgermeister von Meaux (wo ich wohne und geboren bin), ersucht den französischen Außenminister, seinen spanischen Amtskollegen zu kontaktieren, damit ein Militärschiff mein Gebiet überwacht. Es ist ungefähr 11 Uhr abends. Seit mindestens vier Stunden ist es dunkel. Mein Radar geht überhaupt nicht mehr aus. Überall sind Schiffe. Ein Anruf, es ist die spanische Marine. Sie kommen, aber natürlich sehen sie mich nicht. Wieder gebe ich meine Position durch. Zu wissen, dass sie unterwegs sind, lässt mich schon einmal aufatmen. Eine Stunde später sind sie bei mir, ein riesiges Marineschiff. Ich sehe Männer auf der Brücke, ganz klein und in dicke Rettungswesten eingehüllt. Sie sprechen miteinander. Heftig winkend mache ich auf mich aufmerksam. Ein riesiger Scheinwerfer erfasst mich. Ich bin völlig geblendet, aber was für eine Erleichterung! Hoffentlich fahren sie nicht auch wieder weg. Sie schalten den Scheinwerfer wieder aus. Marc ruft mich an und sagt, dass sie normalerweise bis zur Ankunft morgen früh an meiner Seite bleiben werden. Nur noch eine Nacht auf dem Meer. Langsam rudere ich wieder los. Sie ziehen kleine Kreise um mich, haben wohl Angst, mich aus den Augen zu verlieren. Für meinen Geschmack kommen sie allerdings etwas zu nah und ich fürchte, dass sie es sein werden, die mich rammen! Nach einiger Zeit jedoch erweitern sie den Radius. Rings um mich sind so viele Lichter, dass ich sie nicht mehr orten kann. Ich rufe Yann an, der mir sagt, sie hätten ein Schiff gefunden … Sie kommen! Ich will, dass er das wiederholt. Ja doch, es sei sicher, sie seien bereits unterwegs. Ich wage es noch nicht, daran zu glauben.

»In einer Stunde sind wir da.«

Ich warte. Die Küste ist nah und damit auch das Ende. Ich gebe Signale mit meinem Notblitz.

»Jetzt sehe ich dich, Maud. Los, wink' noch mal, damit ich sehe, ob du's auch wirklich bist!«

Ich wedle mit dem Arm hin und her.

»Ja, in Ordnung. In ein paar Minuten sind wir bei dir.«

Ich sehe ein Licht, das geradewegs auf mich zukommt. Mein Blut sprudelt wie Champagner. Es ist fabelhaft, meine Familie zu sehen, bald wieder festen Boden unter den Füßen zu haben. Ich weiß gar nicht, ob ich überhaupt noch laufen kann. Das Schiff fährt jetzt seitlich von mir, Marc und Yann sind da und winken mir zu. Ich sehe sie lange an. Zeit hat für mich nicht mehr dieselbe Bedeutung wie für sie. Sie scheinen es eilig zu haben. Kameramänner und Fotografen machen sich ans Werk. Ich entzünde eine rote Leuchtrakete, um den Sieg zu feiern, dieser Ausklang ist wohltuend. Zwar hatte ich mir die Ankunft bestimmt nicht so vorgestellt – und dabei habe ich sie weiß Gott oft genug im Kopf abgespult –, aber heute schwebe ich wie auf Wolken. Alles ist gut. Ich denke nicht daran, dass ich es geschafft habe, auch nicht daran, es als erste Frau geschafft zu haben, sondern nur noch, dass ich nicht sterben werde, dass es nicht noch einen großen Sturm geben wird, dass ich meine Familie endlich wieder umarmen kann. Ein riesiges Glücksgefühl steigt in mir hoch, ich kann es kaum erwarten, endlich an Land zu gehen ... Plötzlich kommt das Schiff sehr dicht an mich heran und reißt mich aus meiner Glückseligkeit. Mein Adrenalinspiegel schießt in die Höhe. Backbord stößt es mich an. Alle schreien: »Stop! Zurück, zurück!« Aber der Steuermann scheint taub zu sein, er begreift es nicht, und noch einmal werde ich heftig gerammt. Mehrere Männer versuchen, mich zurückzudrängen, ich trete vor, um Pilot zu schützen. Ich kapiere überhaupt nicht, was hier geschieht, ich bin wie gelähmt.

»Weg hier, mein Gott, bloß weg!«

Eine Sekunde lang schließe ich die Augen. Ich bin erschöpft. Kein Laut dringt mehr aus meiner Kehle. Sie werden uns zermalmen.

Dann verhält sich das Schiff wieder normal. Der Kapitän dachte, ich würde an Bord gehen. »Nein, nein, ich verlasse mein Boot nicht. Wir laufen zusammen in den Hafen, aber es kommt nicht in Frage, dass ich Pilot allein lasse.« Als die Gefahr gebannt ist, hocke ich mich ins Cockpit. Endlich klart der Himmel auf, es ist Vollmond, eine Nacht, wie ich sie liebe, friedlich und geheimnisvoll zugleich. Langsam kann ich mich entspannen. Wie schön das Leben doch ist! Die Sterne spiegeln sich im Wasser. Ich atme tief ein, nehme die Gerüche dieser letzten Nacht an Bord von Pilot ganz bewusst wahr und genieße noch einmal mein Zusammensein mit dem Ozean.

»Danke«, murmele ich, bevor ich auf die Seite der Erdbewohner hinüberwechsle. »Danke, dass du mir geholfen hast, es bis hierher zu schaffen.«

Epilog

Dem Traum folgen … ewig

Es ist ein paar Minuten nach vier Uhr in der Früh. Nach vier Monaten auf dem Meer setze ich wieder einen Fuß an Land.

Binnen Sekunden habe ich all meine alten Gewohnheiten als Erdbewohnerin wieder parat, alles wirkt vertraut. Es ist, als wäre ich nie fort gewesen. Gerüche und Geräusche kommen mir auf Anhieb so bekannt vor, als wäre es gestern gewesen. Die Ängste der vergangenen Stunden haben sich verflüchtigt und sind nur noch entfernte Erinnerungen. Es ist Nacht, ein paar Sterne wandern über den Himmel, doch sind es die hellen Lichter der Stadt, denen ich jetzt alle Aufmerksamkeit widme. Wir sind in einem verlorenen Eck im Hafen von La Coruña. Trotz des festen Bodens spüre ich, dass ich noch wanke. Mehrmals sinke ich fast zusammen. Ich suche Halt an dem Kran, der Pilot aus dem Wasser heben soll. Mir ist schwindlig, ich bin ganz benommen von der Fülle an Eindrücken. So also sieht die Ankunft aus? Es ist höchst merkwürdig. Ich kann nicht glauben, dass es vorbei ist.

Rund ein Dutzend Leute stehen rings um mich herum, Kameramänner, Fotografen, Seeleute, und sehen mich neugierig an. Sie trauen sich nicht, näher zu kommen. Ich fühle mich wie eine Außerirdische. Was dachten sie wohl, wen sie da sehen würden? Sie halten sich mit Fragen zurück. Scheinbar haben sie Angst, mich zu stören. Dabei habe ich weiß Gott große Lust, zu reden und zu erzählen. Ich bin trunken vor Freude. Alle laufen geschäftig umher, ich sehe, wie Pilot sanft aus dem Wasser gehievt wird. Gedankenlos gehe ich näher zu ihm hin. Ein Mann schreit: »Achtung! Beiseite!« Ich trete etwas zurück, Salzwasser läuft über mein Gesicht. Ich wende meine Augen nicht von ihm und halte ihn mit einer Hand, damit er nicht hin- und herschwankt. Ihm bleibt auch keine Zeit zum Verschnaufen. Innerhalb von einer Stunde ist er auf seinem kleinen Anhänger festgeschnürt; er wird an das Auto angekuppelt, und wir sind startbereit. Mir kommt es so vor, als wäre innerhalb von einer Minute alles über die Bühne gegangen. Ein Ereignis jagt das nächste, ich denke an den offiziellen Empfang, der in Orly geplant ist. Möglichst schnell will ich meine Familie und all meine Freunde wiedersehen. In diesem Augenblick gehört die Überquerung für mich schon der Vergangenheit an. Ich kann gerade noch prüfen, ob in meiner Kajüte auch alles gut verstaut ist, und schon sitze ich auf dem Rücksitz. Erst jetzt merke ich, wie müde ich eigentlich bin. Meine Beine tun weh, die Ohren dröhnen. Ich höre meinen Vater und meinen Bruder reden, sie berichten mir von den Neuigkeiten. Ihre Stimmen klingen wie Musik in meinen Ohren, sie verschmelzen miteinander und wiegen mich sanft. Ich schlafe nicht ein, falle aber in eine Art Trance, eine dumpfe Träumerei.

Meine erste Mahlzeit: spanische Churros und dicke heiße Schokolade – köstlich! Ich kann es gar nicht fassen, wie gut feste Nahrung schmeckt und Süßes erst! In dem Café ist mir, als würde alles um mich sich bewegen. Die braunroten Bodenfliesen wogen, die Wände schwingen. Das Iridium-Telefon in meiner Tasche klingelt ununterbrochen. Direktschaltungen zu den Medien. Die immer gleichen Fragen prasseln auf mich nieder:

»Ihre ersten Eindrücke?«

»Welches sind Ihre schönsten und Ihre schlimmsten Erinnerungen?«

»Wie ist es für Sie, es als erste Frau weltweit geschafft zu haben?«

Ich versuche zu erklären, welch eigenartige Gefühle mich bewegen. Meine Ankunft ist schon weit weg. Alles entscheidend war für mich dieser tägliche, permanente Kampf. Meinen Erfolg, den Sieg über mich selbst habe ich immer dann genossen, wenn ich einen weiteren Tag in meinem Kalender ausstreichen konnte, immer dann, wenn ich gerade noch so viel Energie in mir freisetzen konnte, dass ich nicht die Segel streichen musste. Die Ankunft selbst habe ich seltsamerweise in jedem meiner Träume ausgekostet. Diese rosa gefärbten Bilder haben mir immer wieder Mut gemacht. Heute bin ich schon woanders und denke an all das, was ich neu entdecken werde. Das Leben ist ein unschätzbares Gut, mein Traum ist Wirklichkeit geworden. Ich habe den Weg für die Nordroute freigemacht und hoffe, dass andere Frauen irgendwann nachziehen.

»Hängt Ihnen der Ozean jetzt zum Hals raus?« werde ich gefragt.

Nein, natürlich nicht. Er hat von Anfang an akzeptiert, dass ich weitermache, er ist derjenige, der mir zu meinem Erfolg verholfen hat. Ich hatte immer den Eindruck, dass wir in gewisser Weise Komplizen waren. Heute verbindet uns ein intensives Gefühl. Er hat mich mit aufgebaut und abgehärtet, er hat meine Entschlossenheit auf die Probe gestellt und gestärkt, er hat sich ein Bild von meiner Ausdauer und Beharrlichkeit gemacht. Von ihm habe ich gelernt, mir Zeit zu lassen, so lange, bis ich es geschafft habe.

Ich verbringe den Tag im Auto. In Biarritz wartet für ein paar Stunden ein Hotelzimmer auf mich. Das Telefon, das ständig klingelt, hält mich wach. Ein Journalist nach dem anderen. Erschlagen von ihren Fragen, werde ich in das wohl bekannte schnelle, ja dringliche Leben der Erdbewohner zurückkatapultiert.

Ja, meine Wiedereingewöhnung geht rasch vonstatten. Das muss wohl auch so sein. Man gönnt mir ein paar Stunden Schlaf in einem guten, warmen Bett, aber ich schlafe nur wenig, es gibt zu viel zu sehen in dem Zimmer, so viele Kleinigkeiten. Ich bin überreizt. Meine Augen wandern unterschiedslos umher, vom Gardinenmuster zum Nippes in den Regalen, von der Tapete zu den Bilderrahmen. Ich bin fasziniert vom Abdruck des Bügeleisens auf den weißen Laken. Ach, und die Dusche, ein wahres Glück! Und die guten Gerüche ... Alles kommt mir wunderbar vor. Noch heute gerate ich ständig über unzählige Sachen in Verzückung, denen ich vor meiner Abreise keinerlei Bedeutung beigemessen habe. Der Alltag ist ein ewiges Geschenk.

Marc und Yann fahren mit Pilot weiter, und ich muss am nächsten Morgen den ersten Flug nach Paris nehmen. Zum Frühstück bringt man mir eine Schale Erdbeeren und ein Glas frische Milch, alles, wovon ich geträumt habe! Wer behauptet eigentlich, Frauen seien schwer zufrieden zu stellen? Im Badezimmerspiegel betrachte ich mein Gesicht und meinen Körper. Überall blaue Flecken, meine Haut ist schwer ramponiert, die Knie haben dunkelrote wunde Stellen. Ich habe bei der Überquerung zehn Kilo abgenommen. Manche Muskeln sind sprichwörtlich weggeschmolzen, andere doppelt so groß geworden. Ich erkenne mich nicht wirklich wieder, aber ich bin glücklich, überglücklich, am Leben zu sein.

Acht Uhr, Ankunft in Orly. Ein hochrangiges Empfangskomitee erwartet mich: Jean-François Copé, Verwaltungsrat des Departements Seine-et-Marne, Karine Claireaux, Bürgermeisterin von Saint-Pierre-et-Miquelon, die eigens angereist ist, um mich zu beglückwünschen ... Und in der ersten Reihe meine Mutter Chantal. Sie strahlt, ihre Augen glänzen vor Freude. Ich spüre, wie erleichtert sie ist. Auch sie schwebt auf einer kleinen Wolke. Sie läuft mir in die Arme und drückt mich kräftig; ich freue mich, dass ich ihre sanften Wangen wieder spüre, ihr Parfum mit Maiglöckchenduft rieche. Ich schmelze dahin. Von allen Seiten werde ich mit Fragen bestürmt.

Diese menschliche Wärme, dieses Leben und Gewusel haben mir so gefehlt. Hoffentlich vergesse ich das nie, hoffentlich bleibe ich immer so natürlich und arglos wie an jenem Morgen.

Und es geht weiter, Pressekonferenzen, Fernsehschaltungen, Interviews, Fototermine ... Es bleibt keine Zeit, über das nachzudenken, was soeben zu Ende gegangen ist. An diesem Tag laufe ich von einem Ort zum nächsten, unermüdlich, voller Energie und überglücklich. Die Folgen bekomme ich am nächsten Tag zu spüren: Die Müdigkeit schlägt zu. Nachdem ich vier Monate lang praktisch nie aufrecht gestanden habe, kann ich nicht mehr laufen. Gelenke und Beine glühen und sind geschwollen, ich kann kaum stehen. Man befürchtet, dass ich eine Venenentzündung habe. Sofort werde ich durchgecheckt. Man stellt einen Vitamin- und Eisenmangel fest, sonst nichts. »Es ist nur die Erschöpfung, Sie müssen sich unbedingt ausruhen«, heißt es. Dieses Mal trifft es zu: Ich fühle mich geistig und körperlich ausgepumpt. Auf einmal ist der Druck weg. Die ganze Zeit hatte ich nur ein Ziel: ankommen. In ständiger Angst habe ich mich durchgeschlagen, Hunger und Durst waren ständige Begleiter, ich hatte Todesängste auszustehen. Nur mein Wille trug meinen Körper voran. Und dann war auf einmal alles vorbei. Diese letzten Tage ohne ein genaues, existentielles Ziel haben mich völlig aus der Bahn geworfen. Ich fühle mich allein, während Hunderte von Menschen um mich herum sind. Man bittet mich, in wenigen Sekunden zusammenzufassen, was ich 117 Tage lang durchgemacht habe. Die gleichen Fragen kehren immer wieder. Und ich, die ich so mühsam gelernt habe, mir Zeit zu lassen, soll schnell reden und jedes Mal noch ein bisschen mehr zusammenfassen. Mir ist, als liefe alles verkehrt herum. Sogar die Nächte kommen mir lang vor. Ich schlafe weniger als vorher und werde weiterhin ständig wach. Noch im Tiefschlaf liegt mein Körper auf der Lauer. Mein Radargerät heult mir immer noch im Ohr, und jede

Stunde sitze ich aufrecht im Bett. Die Überquerung ist noch nicht ganz vorbei. Ich fühle mich nach wie vor mit Pilot verbunden, manchmal fehlt er mir sogar. Ich schlafe zusammengekauert wie auf meiner Pritsche. Oft schrecke ich in dem Glauben hoch, ich sei noch dort. Und dann stürmt sofort eine Mischung aus guten und sehr schlechten Erinnerungen auf mich ein. Zum Glück ist mein indianischer *dreamcatcher* nicht weit, den ich vor der Abreise geschenkt bekommen habe. In diesen 117 Nächten schaukelte er über mir und kam seiner Aufgabe gewissenhaft nach. Noch heute fängt er die schlechten Träume, damit sie in den ersten Sonnenstunden verbrennen, und bewahrt die guten, damit sie jede Nacht wieder zu mir hinabsteigen. Ich glaube, es funktioniert ... Und ganz allmählich stellt sich auch der Wunsch nach weiteren Ozeanüberquerungen ein, mit spektakulären Himmelsfärbungen und dem Gesang der Wale.

Dank

Folgenden Partnern bei diesem Abenteuer gilt mein Dank:

- für finanzielle Unterstützung: Pilot, Buro +, UTB, Conseil général Seine-et-Marne, Ecorebat und Fontenoy Immobilier
- für technische Unterstützung: Marine Pool, Plastimo, Fédération française d'aviron (Französischer Ruderverband), Mercator, MaxSea, TD Com, CEREC
- für die Berichterstattung: *France Info, Madame Figaro, TV Breizh.* Ein besonderer Gruß geht an den 47. nördlichen Breitengrad für seine Hilfestellung in diesen 117 Tagen.

Für ihre Geduld und Opferbereitschaft danke ich insbesondere meinem Festlandteam, meinem Mentor, der mir immer zur Seite stand, meinem unermüdlichen Webmaster, meiner beharrlichen Werbeagentur, meinen wagemutigen und visionären Partnern und allen, die mich in Saint-Pierre-et-Miquelon, in Frankreich, Kanada, Australien und anderen Gegenden der Welt während dieser ganzen Zeit unterstützt, beraten und ermutigt haben.

Diesen Sieg teile ich mit Euch allen.

REISEN · MENSCHEN · ABENTEUER

NATIONAL GEOGRAPHIC TASCHENBÜCHER
VON FREDERKING & THALER

WASSER UND MEHR

W. Hodding Carter
Wie die Wikinger
Von der verrückten Idee zur abenteuerlichen Fahrt
ISBN 3-89405-190-6

Inspiration Kon-Tiki: Der amerikanische Abenteurer W. Hodding Carter segelt auf den Spuren des Wikingers Leif Eriksson durch die eisigen Gewässer des Ozeans – mit »Snorri«, dem originalgetreuen Nachbau eines Wikingerschiffs.

Dea Birkett
Jella
Allein unter Männern auf dem Schiff von Lagos nach Liverpool
ISBN 3-89405-156-6

Die Welt entdecken, zur See fahren – reine Männersache? Nicht für Dea Birkett. Sie heuert auf der »Minos« an, als einzige Frau unter lauter rauen Kerlen, denen sie rasch beweist, dass sie seetüchtig, wind- und wetterfest ist.

Patrice Franceschi
Die Odyssee der »La Boudeuse«
Abenteuerreisen auf einer Hochseedschunke
ISBN 3-89405-205-8

Auf einer Hochseedschunke in indonesischen Gewässern: Die Besatzung des Forschungsschiffes »La Boudeuse« ist fasziniert und verzaubert von der Inselwelt Indonesiens. Die Reise führt sie zum Stamm der Sakuddei und zu der überwältigenden Höhlenlandschaft der Sungai Bai auf Borneo ...

So spannend wie die Welt.

NATIONAL GEOGRAPHIC
FREDERKING & THALER
www.frederking-thaler.de